はじめに

　私は自営業者で，主に中学生や高校生向けの個人学習塾と学習教材の出版の仕事をしています。

　日本では 1990 年ころから 30 年以上にわたり不景気が続いています。たくさんのものやサービスにあふれ，物質的に豊かであるにもかかわらず，貧困率が高い日本。2012 年ころになると，さすがにこれはおかしいと，一部の有識者が気づき始め，彼らは政策に対する批判をするようになりました。しかしその主張は当時の常識とは逆行していたため，逆に非難を浴びる結果になりました。

　ところが彼らの主張はインターネット上で徐々に広がり始め，世間に受け入れられ始めました。結果的にインターネット上の多くの日本人は政治家，経済学者，官僚の多数派が主張していたことのほうが誤りだったと気づき始めました。私もその一人でした。

　しかしテレビや新聞などのオールドメディアにしか触れない大多数の政治家，学者，官僚は，相変わらず古い常識に縛られたままで，それが正義だと信じて疑っていません。

　そんな状態を打破するために私は 2022 年に「学者が見落

としたお金の仕組み」という本を書き上げました。会計学と数学の知識を用いて，経済学者であろうが官僚であろうが政治家であろうが，絶対に言い訳ができないよう，それまでの常識の誤りを数学的に証明しました。そしてその証明について意見を求めるため，200人以上の経済学者にこの著書を無料で配布しました。すると1名の国立大学教授から電話がありました。要約するとこうです。

「あなたの言っていることはよくわかるし，否定のしようがない。そして大部分の学者はあなたが指摘した事実に気づいていない」

その後私は政治家や官僚，新聞社やテレビ局にも無料でこの本を300冊ほど配り，打開を試みました。しかし本の内容が難しかったのか，反応はありませんでした。

そこでもっとわかりやすく，一般の人でも容易にわかるよう，情報を絞って，お金の真実を解き明かすことにしました。それが本書です。

2025年3月　微風出版 代表 児保祐介

数学的知識の準備

数列 $a_1, a_2, a_3, \cdots, a_n$ があったとき，これらをすべて足し合わせた数は一般に次のように表記する。

$$\sum_{i=1}^{n} a_i = a_1 + a_2 + a_3 + \cdots + a_n$$

数学では例えば，以下のように使われる。

$$\sum_{i=1}^{10} i^2 = 1^2 + 2^2 + 3^2 + \cdots + 10^2$$

本書においては数列の項数 n などを省略して，次のように表記するものとする。

$$\sum a_i = a_1 + a_2 + a_3 + \cdots + a_n$$

1章 財務諸表と貨幣の正体

貸借対照表 ……………………………………… 8

自己資本比率 …………………………………… 10

損益計算書 ……………………………………… 12

損益計算書の概要 ……………………………… 13

会計におけるストックとフローの概念 ……… 15

複式簿記 ………………………………………… 16

そもそも貨幣とは何か ………………………… 18

紙幣と銀行の誕生 ………………………………24

2章 為替の仕組みと通貨量

中央銀行の役割と仕組み ………………………30

国内送金の仕組み ………………………………31

国外送金の仕組み ………………………………35

マネーストックとマネタリーベース …………37

２つの通貨量の意味 ……………………………40

3章 通貨量が増減する原理

信用創造 …………………………………………46

融資の勘違い ……………………………………48

信用収縮 …………………………………………49

預金準備率 ………………………………………50

中央銀行がお金を貸し出すときの原資とは …53

中央銀行が持つ巨大権利 ………………………56

政府の資金調達法 ………………………………58

中央銀行が国債を買い取る場合 ………………59

政府は中央銀行にお金を返す必要はない ……………………61

政府がお金を使うときの通貨量の変化 ……………………62

国民が税金を納めるときの通貨量の変化 …………………64

銀行が利益を上げるときの通貨量の変化 …………………65

銀行が債権放棄をしたとき ……………………………………66

外貨預金の仕組み ………………………………………………68

通貨量には伸縮性がある ………………………………………69

4章 通貨貸借の法則

税は政府支出の財源になるか？ ……………………………72

通貨量維持の条件 ………………………………………………75

貨幣社会の矛盾の正体 …………………………………………80

通貨量と物価 ……………………………………………………89

通貨貸借の法則の補足 …………………………………………90

5章 金融政策と貨幣価値

マネタリーベース維持に必要なこと …………………………92

マネタリーベースについての思考実験 ………………………93

日本の金融緩和政策の失敗 ……………………………………99

通貨切り下げ ……………………………………………………100

貨幣価値の勘違い ………………………………………………101

外貨建て国債のリスク …………………………………………102

政府債務残高の意味 ……………………………………………103

6章 税の機能と通貨流動圧力

税の役割とは ……………………………………………………106

税の機能と負の所得税 …………………………………………110

経済格差は何故悪なのか ………………………………… 113

通貨流動圧力 ……………………………………………… 115

お金を配ると人々は働かなくなるか ………………… 117

負の所得税の効果 ………………………………………… 119

負の所得税の問題点 ……………………………………… 121

7章 制度設計を考える

物価上昇の格差縮小効果 ………………………………… 122

物価上昇の原因は1つではない ……………………… 125

政治とは国民の時間と労力の使い方を決めること …… 126

富裕層が物価上昇の影響を回避する方法 ……………… 128

土地の所有をやめる利点 ………………………………… 129

消費税の算出方法 ………………………………………… 131

事業者が払う消費税 ……………………………………… 133

消費税を課す意味 ………………………………………… 136

消費税は何のために生まれたのか …………………… 137

事業者の消費税節税手段 ………………………………… 139

法人税の考察 ……………………………………………… 141

租税回避地の問題 ………………………………………… 143

富裕層の租税回避法 ……………………………………… 143

税制を複雑にするほど国力は落ちる ………………… 144

消費を喚起させるための政策 ………………………… 145

給付は物価上昇率を限界として行うことができる …… 147

GDPは高ければ良いというものではない …………… 148

7

1章 財務諸表と貨幣の正体

貸借対照表

　貸借対照表は事業者が決算時に作成する財務諸表の１つである。これは決算時における様々な残高を示す諸表であり，次の３つの要素からなる。

資産… この欄には現金，預金，株式，債券，売掛金などの流動資産や，在庫，機械装置，土地，建物などの固定資産の残高が記される。

負債… この欄には借入金，未払費用，買掛金など，返済義務のある負の資産の残高が記される。

純資産… この欄には資本金や利益剰余金など，返済義務のない純然たる資産の残高が記される。

　そして，これらの要素には次の基本式が成り立つ。

$$資産＝負債＋純資産$$

1章　財務諸表と貨幣の正体

また，純資産は返済義務のない資産であることから自己資本，負債は他から来た資本なので他人資本と呼ばれている。資産はこれらの和であるため，総資本と呼ばれる。

資産（総資本）		負債（他人資本）	
●流動資産		●流動負債	
現金・預金	500	短期借入金	180
棚卸資産（在庫）	200	買掛金	20
売掛金	50	●固定負債	
●固定資産		長期借入金	3,000
土地	2,000	合計	3,200
建物	3,000	純資産（自己資本）	
機械装置	250	資本金	1,000
合計	6,000	利益剰余金	1,800
		合計	2,800
資産合計 = 6,000		負債＋純資産 = 6,000	

9

1章　財務諸表と貨幣の正体

自己資本比率

　自己資本比率とは，貸借対照表における，資産に対する純資産の割合であるが，総資本に対する自己資本の割合ということもできる。式にすると次のようになる。

$$自己資本比率 = \frac{純資産}{資産} = \frac{自己資本}{総資本}$$

　ここで，イメージしやすいよう，個人の貸借対照表を考えてみる。話を分かりやすくするため，資産については現金預貯金とその貸し借りで発生するものだけを扱うものとし，通貨の単位は各国で異なるため省略する。

【case.1】ある人物 A が保有する現預金は 1000 である。彼は住宅ローンを組んでおり，750 だけ銀行から借り入れを行っている。この場合，資産 = 1000，負債 = 750 で，資産 = 負債 + 純資産であるので，純資産は 次のようになる。

$$1000 - 750 = 250$$

よって彼の自己資本比率は次のようになる。

$$自己資本比率 = \frac{250}{1000} = 25\%$$

【case.2】ある人物 B が保有する現預金は 250 である。彼は住宅ローンを組んでおり，750 だけ銀行から借り入れを行っている。この場合，資産 = 250，負債 = 750 で，資産＝負債＋純資産であるので，純資産は次のようになる。

$$250 - 750 = -500$$

よって彼の自己資本比率は次のようになる。

$$自己資本比率 = \frac{-500}{250} = -200\%$$

人物 B のように純資産が負になる場合を，特に**債務超過**という。 このようなデータは銀行が融資を行ったり，投資家が株式や社債を購入したりする際に使われる。また，企業の純資産のうちの利益剰余金は内部留保ということもでき，国

1章　財務諸表と貨幣の正体

内企業全体の内部留保の増加は,個人の所得の減少を意味し,経済全体を考える場合の重要なデータとなる。

損益計算書

損益計算書は決算期間における企業のお金の流れを表す指標である。具体的には,売上高と損金が記載され,次の計算式が示される。

$$売上高 - 損金 = 当期純利益$$

損金とは出ていく経費のことであり,次のようなものがある。

・売上原価…製造や仕入れにかかった費用
・販売管理費…人件費,光熱費,広告宣伝費など,販売や管理にかかった費用
・営業外損益…支払った利息や受け取った配当など,本業とは関係のない損失や収益
・特別損益…臨時で発生した損失や収益
・税　　　金…支払った税金

※損金は正の値であるため，営業外収益や特別利益は負の値となる。

損益計算書の概要

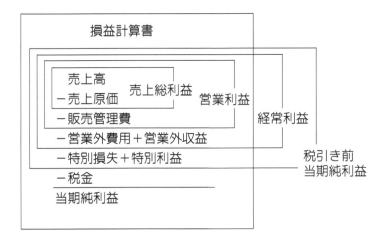

・売上総利益は**粗利**や**付加価値**ということもある

・営業利益は本業でどれだけ利益を出せたかを表す

・経常利益は本業以外の事業を含めた利益を表す

・税引き前当期純利益は特別損益を含めた利益を表す

・当期純利益は貸借対照表の純資産の変化量を表す

1章　財務諸表と貨幣の正体

損益計算書の例

【営業収益】		
売上高		10,000
＜売上原価＞		
仕入れ高		3,000
売上総利益（粗利益）		7,000
【販売管理費】		
従業員給料手当	2,500	
賞与	500	
福利厚生費	200	
広告宣伝費	400	
消耗品・備品費	50	
通信費	70	
水道光熱費	80	
租税公課	90	
賃借料	100	
減価償却費	10	4,000
営業利益		3,000
【営業外損益】		
＜営業外費用＞		
雑損失	50	50
＜営業外収益＞		
受取利息	150	150
経常利益		3,100
【特別損益】		
＜特別損失＞		0
＜特別利益＞		0
税引前当期純利益		3,100
法人税，住民税，事業税		1,300
当期純利益		1,800

会計におけるストックとフローの概念

　貸借対照表は資産や負債の状態を表す財務諸表の1つであり，このような財務諸表を英語では「stock」という。一方，損益計算書は資産や負債の変化量を表す財務諸表の1つであり，このような財務諸表を英語では「flow」という。

　財務諸表を考える場合，それが「stock」を表すのか，「flow」を表すのかを理解していないと，議論する上で誤った表現をしてしまったり，財務状況を誤解したりする恐れがあるため，この点については特に注意する必要がある。なお，flow を表す財務諸表には，損益計算書以外にもいくつか存在するが，専門的になりすぎるため，ここでは取り上げないことにする。

前期末のストック		今期のフロー		今期末のストック
貸借対照表	＋	損益計算書	→	貸借対照表
資産：a		資産の変化：Δa		資産：a+Δa
負債：b		負債の変化：Δb		負債：b+Δb
純資産：c		純資産の変化：Δc		純資産：c+Δc

1章　財務諸表と貨幣の正体

複式簿記

　勘定科目とはコンピューターや数学の世界でいうところの
パラメーターであり，経理担当者が行う複式簿記による仕分
け作業は，そのパラメーターの値を変化させる作業である。
勘定科目はロールプレイングゲームでいうところの，キャラ
クターの「体力」や「マジックパワー」などのパラメーター
と同じようなものと考えるとわかりやすい。

　例えば150で仕入れた商品が1つ売れて200の現金を受け
取ったとする。このとき経理担当者は会計ソフトで次のよう
に入力する。

借方		貸方	
現金	200	商品	150
		商品売買益	50

※上記は分記法による仕分け処理

　この場合の命令は，現金というパラメーターを200だけ増
加させ，商品というパラメーターを150だけ減少させ，商
品売買益というパラメーターを50だけ増加させる命令にな

る。このように複式簿記では必ず借方と貸方それぞれに記載する勘定科目の額の合計が同額になるように記載する。

この処理で貸借対照表は次のように変化する。

資産	負債
現金：200 だけ増加	
商品：150 だけ減少	純資産
	50 だけ増加

　資産が 50，負債＋純資産も 50 だけ増加するため，基本式の「資産＝負債＋純資産」は維持されることがわかる。

　なお，複式簿記に記載する勘定科目は，左側の「借方」に記載するか，右側の「貸方」に記載するかで，その増減が決まる。「現金」や「商品」は借方（左）に記載すると増加，貸方（右）に記載すると減少する。「商品売買益」は，借方（左）に記載すると減少，貸方（右）に記載すると増加する。このような増加と減少は勘定科目によって異なるため，これを理解するには会計の専門知識が必要となる。

1章　財務諸表と貨幣の正体

そもそも貨幣とは何か

　貨幣がどのように誕生したのかを理解するために，1つの物語で説明したい。

　昔々，まだお金という概念がない時代のある日，小麦農家Aのもとにりんご農家Bがやってきた。

リンゴ農家B	「やあ，調子はどうだい？」
小麦農家A	「去年は豊作だったからねぇ，割と余裕だよ」
リンゴ農家B	「そうか，実は我が家の小麦がもうすぐ無くなりそうなのだ。1袋分けてくれないか」
小麦農家A	「ああ，構わないよ」
リンゴ農家B	「代わりに俺の作るリンゴをあげるよ。リンゴ20個と交換ということでどうだい？」
小麦農家A	「問題ない」
リンゴ農家B	「だけど，リンゴが美味しい状態になる

には，あと1ヶ月くらいかかりそうなのだ。だからリンゴを渡すのは1か月先でもいいか？」

小麦農家A 「いいとも，その代わりリンゴをちゃんともらえるよう，証拠になるようなものを用意してくれないか？」

リンゴ農家B 「わかった，ちょっと待ってくれ」

リンゴ農家Bか紙切れを取り出し，そこにこう書いた。

【Bからリンゴ20個をもらえる権利】

リンゴ農家Bはそう書いた紙を小麦農家Aに渡した。

リンゴ農家B 「これを受け取ってくれ。俺のリンゴが収穫できたら，この証明書とリンゴを交換しよう」

小麦農家A 「わかった。ほらこの小麦1袋を持っていきな。それでちょっと相談なんだが，俺は小麦の収穫を増やすために，農地を

開墾したいと思っている。だけど一人で
は難しい。少しの間だけ手伝ってくれる
人はいないものか」

すると，リンゴ農家は少し考えてこう言った。

リンゴ農家B　　「そういえば，漁師Cが船を修理に出し
　　　　　　　　ていて，今漁に出られないそうだ。Cに
　　　　　　　　声をかけてみたらどうだ？」

　小麦農家A　　「そうか，そうしてみるよ」

小麦農家Aはすぐに漁師Cを訪ねた。

　小麦農家A　　「やぁ，今漁に出られないそうじゃない
　　　　　　　　か？」

　　漁師C　　　「そうなのだよ，困ったものだ」

　小麦農家A　　「ちょっと俺の仕事を手伝わないか？」

　　漁師C　　　「なんの仕事だ？」

　小麦農家A　　「農地を広げたい。だから少しの間開墾
　　　　　　　　を手伝ってほしい。報酬は俺の作った小

麦ということでどうだい？」

漁師C　「それはいい話だ。だが小麦はまだたくさんあるのだよ。他に何かないか？」

小麦農家A　「そうはいっても，俺は小麦しか作っていないからなぁ」

漁師C　「おい，お前さんが手に持っている紙切れはなんだ？」

小麦農家A　「これか？さっきリンゴ農家Bと取引をした証拠だ。おいしいリンゴが1ヶ月先に収穫できるから，それを20個もらうことになっている」

漁師C　「そうか，俺はリンゴに目がないのだ。お前さんの仕事を手伝ってやるからその紙をよこしな」

小麦農家A　「そうか，俺も彼のリンゴを楽しみにしていたのだが，まあいいだろう。リンゴはまた小麦と交換すればいいことだし」

漁師C　「よし，取引成立だ。早速仕事を始めるぞ」

こうして小麦農家Aと漁師Cは協力して開墾を始めた。

1章　財務諸表と貨幣の正体

　この物語で気づいただろうか？リンゴ農家Bは1ヶ月後に
リンゴ20個を与えるという証書を発行し，その証書が小麦
農家Aから漁師Cへ流通した。この証書はまさに現代の貨
幣と同じような役割を果たしている。

　実はこれが貨幣の始まりであり，貨幣の正体とは「貸し借
りの記録」である。

　ここで小麦農家Aとリンゴ農家Bの貸借対照表の変化を考
えてみる。「＋」は増加，「−」は減少を表すものとする。

　なお，この変化は今季の貸借対照表から次期の貸借対照表
の変化量を表すものとする。

リンゴ農家B（証書を発行したとき）

資産	負債
小麦：＋1袋	リンゴ20個をもらえる 権利書：＋1通
	純資産

1章 財務諸表と貨幣の正体

小麦農家Ａ（証書を受け取ったとき）

資産	負債
リンゴ２０個をもらえる	
権利書：＋１通	純資産
小麦：－１袋	

　この取引の後でも，貸借対照表についての基本式である「資産＝負債＋純資産」がそれぞれ成り立っていることに注意してほしい。

　次に，リンゴ農家Ａが漁師Ｃに仕事を依頼した場合を考える。

小麦農家Ａ（証書を支払ったとき）

資産	負債
リンゴ２０個をもらえる	
権利書：－１通	純資産
	リンゴ２０個をもらえる
	権利書：－１通

23

1章　財務諸表と貨幣の正体

漁師Ｃ（証書を受け取ったとき）

資産	負債
リンゴ２０個をもらえる	
権利書：＋１通	純資産
	リンゴ２０個をもらえる
	権利書：＋１通

　小麦農家Ａは人件費として証書を支払うと，人件費は損益計算書の販売管理費に算入されるため，それと同等分だけ純資産が減る。

　一方漁師Ｃは労働の報酬として証書を受け取ると，その報酬は売上高に算入され，負債が増えたり，別の資産が減ったりするわけではないため，それと同等分だけ純資産が増える。

紙幣と銀行の誕生

　銀行がどのように誕生したのかも，簡単に述べておきたい。これも物語を通して説明することにする。

1章 財務諸表と貨幣の正体

　昔々あるところに，金細工職人 A と B がいた。彼らの職業は「ゴールドスミス」と呼ばれていた。彼らは金細工を作る仕事のほか，王から依頼を受け，金貨を作成する仕事もしていた。

　ある休日，A と B は酒を酌み交わしていた。

A　「最近は金持ちがやたらと金貨や金細工を預けにくるのだ」

B　「お前のところもか。盗まれるのが怖いからだろう。おかげで金庫が足りなくなりそうだよ」

A　「最近は預かり証を発行する毎日だ」

B　「俺たちは職人のはずだよな。しかしこのままいくと，単なる金庫番になってしまう」

A　「まったくだ。どうしたものかなぁ」

B　「それでこの前町を歩いていたら，その預かり証を持っているやつが，それで買い物をしていたのだ」

A　「金貨の代わりに預かり証でか？」

B　「そうだ。世の中変わったよな」

A　「ひらめいたぞ。こういう商売はどうだ？金庫に眠っている金貨を貸し出して，それで儲ける」

25

1章 財務諸表と貨幣の正体

B 「他人の金貨を貸し出すのか？バカをいうな。持ち逃げ
されたらどうするのだ」

A 「俺にいい考えがある。貸し出すのは金貨ではなく，預
かり証にしてしまうのさ」

B 「ゴールドを預からないのに預かり証を発行するってこ
とか？」

A 「そういうことだ。その預かり証は買い物に使われるわ
けだから，借りる相手も困らないだろ？」

B 「確かに。それは名案だ。それならゴールドを持ち逃げ
される心配はない」

A 「例えば１００の預かり証を発行して，それを貸し出す。
だがそれをただ返してもらうだけなら，俺たちの利益
にはならない。だから手数料として５くらいの価値の
ものをいただく。その手数料は金貨でもらってもいい
し，そうだな，例えば『リンゴ20個をもらえる権利証』
なんかでもいい」

B 「いいじゃないか，さっそくそれで商売をしてみよう」

A 「そうだな，どうなるかわからないけどお互い頑張ろう
じゃないか」

そうして二人は別れ，１年後に再び会う約束をした。

１年後…

A 「おい調子はどうだ？」

B 「よく考えたらこの仕事はまずいぞ。俺の金庫に眠って
いるゴールドは３０００だ。しかし俺が発行した預かり
証の合計は５０００。もしもその５０００の預かり
証が俺のもとに一度にやってきて，ゴールドを返せと
言われたら，俺は返せないぞ」

A 「落ち着け。俺も同じ状況だ。でもよく考えてみろ。俺
たちがゴールドをストックしていなければ，預かり証
は存在しない。つまり人々は買い物が容易にはできな
い。だからすべての預かり証が一度に俺たちのところ
にくるなんてことは，簡単には起こらない」

B 「確かにそうだ。とにかくこのことは世の中に絶対に知
られてはいけない。俺たちだけの秘密だ」

A 「俺にいい考えがある。仮にお前が返すゴールドが足り
なくなったら，俺がゴールドを融通してやる。逆に俺
が返すゴールドが足りなくなったら，お前が俺にゴー

1章　財務諸表と貨幣の正体

ルドを融通してくれ」

B　「そうだな。それしか方法はなさそうだ…いや待てよ。他のゴールドスミスにも声をかけ，互いにゴールドを融通し合えるようにすれば，うまくいくのではないか？」

A　「確かにそうだ。俺たちから回収したゴールドはいずれ別のゴールドスミスに預けられるはずだ。早速別のゴールドスミスにも声をかけてみよう」

　この預かり証が**金本位貨幣**の原形であり，ゴールドスミスが行った商売が銀行の始まりである。このような預かり証の需要が高まり，どんどん増えていく一方で，それに釣り合ったゴールドやシルバーは有限であるので，必ず不均衡が起こる。したがって現代ではその預かり証は貨幣として，政府と中央銀行が管理する体制になっている。それはゴールドやシルバーと紐づけられていない貨幣であり，そのような貨幣を**信用貨幣**という。

1章　財務諸表と貨幣の正体

2章 為替の仕組みと通貨量

中央銀行の役割と仕組み

中央銀行は普通1つの国家に1つだけ存在し，一般に次の役割を果たしている。

  （1）民間銀行の銀行

  （2）政府の預金を管理する

  （3）紙幣を発行する

※硬貨の発行は通常政府が行っている

例えば日本の中央銀行は日本銀行で，中国の中央銀行は中国人民銀行，オーストラリアの中央銀行はオーストラリア準備銀行である。共通通貨「ユーロ」が流通するEU加盟国の場合は，各国に中央銀行がある他に，ユーロを管理する欧州中央銀行（ECB）がドイツに存在する。

我々国民は民間銀行に口座を開設して，預金を管理してもらっているが，民間銀行も同様に中央銀行に口座を開設して，

預金を管理してもらっている。実は民間銀行が自社の金庫や
キャッシュディスペンサーにストックしている紙幣は、自身
の中央銀行の口座から引き出した現金である。

国内送金の仕組み

例えばA銀行に口座を開設しているA_1とA_2がいたとする。
この二人の間で送金する場合を考える。

A_1がA_2へ10の預金を送金するものとする。ただしそれぞ
れの預金残高は次の通りであり、送金手数料は考えないもの
とする。

口座名義	A_1	A_2
A銀行残高	53	47

A_1が送金指示を出すと、A銀行のコンピューターはそれぞ
れの残高を次のように書き換える。

口座名義	A_1	A_2
A銀行残高	53 − 10 → 43	47 + 10 → 57

2章　為替の仕組みと通貨量

　実はこれで送金は完了である。結局送金とは単にデータの書き換えで行われるだけである。

　次に A 銀行に口座を開設している A_1 から B 銀行に口座を開設している B_1 に 10 だけの預金を送金する場合を考える。ただし送金手数料は考えないものとする。この場合は銀行が異なるため，中央銀行が介在することになる。

　まず，A 銀行と B 銀行の初めの中央銀行残高は次の通りであったとする。

口座名義	A 銀行	B 銀行
中央銀行残高	850	670

また，A_1 と B_1 の預金残高は初め次の通りであったとする。

口座名義	A_1
A 銀行残高	61

2章　為替の仕組みと通貨量

口座名義	B_1
B 銀行残高	45

　ここで A_1 が B_1 に 10 だけの預金の送金指示を出すと，まず A_1 の預金残高が減らされる。

口座名義	A_1
A 銀行残高	$61 - 10 \rightarrow 51$

　次に A 銀行は自分の資産である中央銀行の預金を B 銀行に同額だけ送金する。

口座名義	A 銀行	B 銀行
中央銀行残高	$850 - 10$ $\rightarrow 840$	$670 + 10$ $\rightarrow 680$

　この送金も中央銀行が各銀行の預金残高を書き換えるだけである。

33

2章　為替の仕組みと通貨量

最後に B 銀行は B_1 の預金残高を増加させる。

口座名義	B_1
B 銀行残高	$45 + 10 \rightarrow 55$

これで A_1 から B_1 への送金が完了する。このように中央銀行があるおかげで異なる銀行間の送金も，単純に残高を書き換えるだけで容易に行うことができる。

次に，A 銀行に口座を開設している A_1 が 10 だけの税金を支払う場合を考えてみる。ただし支払いは口座引き落としで行い，手数料は考えないものとする。初め，A_1 の口座残高と，A 銀行及び政府の中央銀行口座残高は次の通りであったとする。

口座名義	A_1
A 銀行残高	78

口座名義	A 銀行	政府
中央銀行残高	800	250

税金の引き落としが行われると，それぞれの残高は次のようになる。

口座名義	A_1
A 銀行残高	78 − 10 → 68

口座名義	A 銀行	政府
中央銀行残高	800 − 10 → 790	250 + 10 → 260

　結局 A 銀行が中央銀行の預金で支払いを代行したことになる。このように現代では現金を用いない送金が一般的に行われている。

　実は国外への送金も同様で，現金を輸送することなく，複数の銀行が介在し，残高を次々に変更することで送金が行われている。

国外送金の仕組み

　銀行同士は同じ中央銀行に口座を開設していれば，お金のやり取りができるわけだが，それはあくまで同一通貨でのや

2章 為替の仕組みと通貨量

り取りに限られる。よって、国外への送金は多通貨保有主体を介して行われる。

例えば、A銀行はX国の中央銀行とY国の中央銀行に口座を開設しており、X国とY国のそれぞれの通貨を預金資産として保有しているものとする。

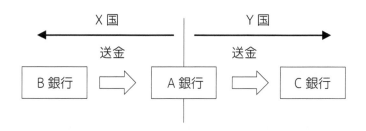

ここでB銀行が国外のC銀行に送金する場合を考える。まずB銀行はY国の通貨を保有していないので、A銀行に対してX国の通貨を送金する。するとA銀行の資産はX国の通貨が増加したので、A銀行は外国為替市場の為替レートをもとに、Y国の通貨をC銀行に送金する。ただし手数料を差し引いて送金する。これで国外への送金が完了する。

この場合、A銀行はX国、Y国それぞれの中央銀行に口座を開設していたが、例えばA銀行はC銀行に口座を開設して多通貨を保有することもできる。このように民間銀行が異なる国の民間銀行に口座を開設していることもある。

さらにこの多通貨保有主体は銀行でない場合もある。例え
ば国外送金代行業者も多通貨保有主体であり，その業者を使
えば，安全性は欠けるものの，安い手数料で国外に送金がで
きることがある。

　また，クレジットカードの国際ブランドもこの多通貨保有
主体であり，現金を使わず国外での買い物を実現させている。

マネーストックとマネタリーベース

ここでは2種類の通貨量の定義について解説する。

　例えばある国ではA銀行，B銀行，C銀行があり，それぞ
れの中央銀行口座の残高と各銀行が保有する現金が次のよう
であったとする。

口座名義	A銀行	B銀行	C銀行	政府	合計
中央銀行残高	370	250	120	70	810
保有現金	22	25	13	30	90
合計	392	275	133	100	900

民間銀行が保有する現金は，中央銀行から引き出されたもの
で，各銀行が自身の金庫やキャッシュディスペンサーに保

2章　為替の仕組みと通貨量

管してある現金である。

　ここで民間銀行だけが保有するお金の合計を計算してみると，次のようになる。

$$392 + 275 + 133 = 800$$

　このような民間銀行が保有する中央銀行の預金と現金の総和を**マネタリーベース**という。

　次に A 銀行，B 銀行，C 銀行に口座を開設している顧客が保有する預金と現金が次のようになっていたとする。

口座名義	A_1	A_2	A_3	A_4	A_5	合計
A 銀行残高	61	74	78	85	92	390
保有現金	3	4	2	5	3	17

口座名義	B_1	B_2	B_3	B_4	合計
B 銀行残高	75	98	84	54	311
保有現金	2	3	1	3	9

口座名義	C_1	C_2	C_3	合計
C 銀行残高	99	82	101	282
保有現金	3	2	1	6

2章　為替の仕組みと通貨量

　上記の合計は次のようになる。

390 + 17 + 311 + 9 + 282 + 6 = 1015

　これは民間銀行に口座を開設している人が保有するお金の総和である。このような総和を**マネーストック**という。

　ここでマネーストックのうち，預金のみの総額は次のようになる。

390 + 311 + 282 = 983

一方，マネタリーベースは 800 である。

マネーストック のうちの預金総額	983
マネタリーベース	800

　仮に全国民が民間銀行から 983 だけの預金を現金として引き出そうとしても，マネタリーベースは 800 しかない。したがって，このままでは民間銀行は現金をすべて用意することができない。実は現実社会でもすでにこのようなことが起こっているが，これは全く問題ない。

　問題だと感じる人は，お金の正体が紙幣や硬貨だと勘違いしている可能性がある。実は現代の信用貨幣は単なる残高として表れるデータにすぎない。

39

2章　為替の仕組みと通貨量

　例えば振込送金，クレジットカード，電子マネーを利用すれば買い物はできるが，これはお金の残高を変化させて行っている。このことはお金がデータである何よりの証拠だ。

　実は現代における紙幣や硬貨は，預金と交換して使う道具であり，政府や中央銀行が国民の利便性のために提供しているサービスにすぎない。よって，貨幣の正体は紙幣や硬貨ではなく，銀行で記録される残高というデータである。

２つの通貨量の意味

　マネタリーベースは銀行のみが使えるお金の量を表す。一方マネーストックは銀行以外の個人や法人が使えるお金の量を表す。ここで次のような例を考えてみる。

　Ａ銀行が事務用に使う机を購入する。その代金は5であり，支払い先はB銀行に口座を開設しているB_3とする。この場合Ａ銀行は次の2ステップで代金を支払うことができる。

2章　為替の仕組みと通貨量

（１）中央銀行の預金をB銀行に支払う。

口座名義	A銀行	B銀行
中央銀行残高	370 − 5 → 365	250 + 5 → 255

（２）B銀行は B_3 の預金残高を増加させる。

口座名義	B_3
B銀行残高	75 + 5 → 80

これで支払いは完了する。ではここで読者にクイズ。

Q1. 上記の２ステップにおいて，マネタリーベースとマネーストックはそれぞれどれだけ変化したか？

　マネタリーベースはA銀行が５だけ減り，B銀行が５だけ増えたので変化はない。一方，マネーストックは，B_3 の預金残高が５だけ増加したが，その分誰かの残高が減ったということはない。つまり解答は次のようになる。

2章　為替の仕組みと通貨量

　　　　マネタリーベース：変化なし

　　　　マネーストック：5だけ増加する

このとき，A銀行の貸借対照表の変化は次のようになる。

資産	負債
中央銀行の預金：－5	
	純資産
	利益剰余金：－5

【MEMO】

　民間銀行は経費としてお金を使うとマネーストックが増加

する。

　では次のクイズ。

Q2. A 銀行に口座を開設している $A_1 \sim A_5$ の 5 人に対し，利息が各 1 ずつ，合計で 5 だけ支払われたとき，マネタリーベースとマネーストックはそれぞれどれだけ変化したか？

　ここで注意してほしいことがある。それは，A 銀行は中央銀行に預けているお金を自身の顧客の預金残高に振り替えることはできないということだ。例えば A 銀行が中央銀行に対して，「10 だけの中央銀行の預金を A 銀行の顧客の A_4 に振り込んでくれ」といった指示は絶対に出せない。何故かというと，中央銀行は A 銀行の顧客の残高を勝手に書き換えることはできないからだ。A_4 の預金残高を操作できるのは A 銀行だけである。これはある会社が別の会社の帳簿を勝手に変更できないのと同じである。

　実は通貨量をマネタリーベースとマネーストックに分ける理由はここにある。この 2 つの通貨量は，片方を減らして，もう片方を同額だけ増やすということはできない。この点は経済学者でさえ見落としていた事実である。

　さて **Q2** を考えてみる。A 銀行が顧客に利息を払う場合，単純に A 銀行が $A_1 \sim A_5$ の残高をそれぞれ 1 だけ増加させ

2章 為替の仕組みと通貨量

るだけである。しかしこれだと A 銀行は勝手にお金を発行
したことになるので，合計で 5 だけのお金を発行した分，
自分自身の負債も 5 だけ増えることになる。このときの A
銀行の貸借対照表の変化は次のようになる。

資産	負債 顧客の預金：＋ 5
	純資産 利益剰余金：－ 5

したがって **Q2** の解答は次のようになる。

マネタリーベース：変化なし

マネーストック：5 だけ増加する

【MEMO】

　民間銀行が支払う利息も経費であり，この場合もマネー
ストックは増加する。

2章　為替の仕組みと通貨量

3章 通貨量が増減する原理

信用創造

では次のクイズ。

Q3. ある人がX銀行という銀行を創設した。中央銀行に口座を開設し，出資者から100だけの資金を集め，その中央銀行口座に振り込まれている。お金をX銀行へ預けている人はまだいないとき，初めての顧客Yが来て，彼は500だけのお金を融資してほしいと言った。X銀行はまだ100だけの資金しか持っていないが，彼に融資することはできるか？ただしX銀行は他からお金を借りることはできないものとする。

正解：基本的には融資できる

何故融資できるのか？実はこれは経済学者でさえ間違えてきたお金の問題である。一般に500程度ならX銀行は融資できるが，50,000の融資となると，ある制約に引っ掛かってしまいできない。

実はX銀行は顧客Yに口座を開設させ，X銀行のコンピューターで顧客Yの通帳に500と書き，残高のデータを500と

記録するだけで融資できてしまう。このとき 500 の通貨が発行されることになり，マネーストックは 500 だけ増加する。 これが一般に言われる**信用創造**であり，信用創造とは必ず銀行で起こる。

口座名義	Y
X 銀行残高	0 → 500

　例えば，銀行ではない 2 者 A，B の間でお金の貸し借りを行う場合は，単に預金や現金が移動するだけなので，信用創造は起こらずマネーストックは変化しない。
　なお X 銀行が顧客 Y に融資をしたとき，X 銀行が保有する中央銀行の預金は減ることがないため，当然マネタリーベースは変化しない。

【MEMO】
　銀行が誰かに融資すると，その額だけマネーストックが増加する。つまり銀行は通貨を発行して融資を行っている。

　また，このときの X 銀行の貸借対照表の変化を示しておく。

3章　通貨量が増減する原理

資産	負債
貸付金：＋ 500	預金：＋ 500
	純資産

融資の勘違い

経済学の教科書には，「銀行は顧客からの預り金を貸し出している」などと書かれているものもあり，これは全く誤りである。前述の通り，銀行は顧客からの預り金がない状態でも融資できるからだ。その方法は通貨発行であり，銀行は通貨発行権を与えられている特異な存在である。

これは経験でも十分に分かるはずだ。仮にあなたの預金が別の誰かに貸し出されているとしたら，あなたの預金残高が誰かに貸された分減少するはずである。しかしあなたも，あなたの家族も，あなたの友人も，そのような経験をした人はいないはずだ。これが銀行で通貨が発行されている何よりの証拠である。

3章 通貨量が増減する原理

信用収縮

Y が 500 だけ借りた後，Y は借りたお金を使って，Y の預金残高が 100 になったとする。その後 X 銀行に 5 だけのお金を返済したとする。すると，X 銀行は次のように Y の預金残高を 5 だけ減少させる。

口座名義	Y
X 銀行残高	100 → 95

すると，このときマネーストックは 5 だけ減少することになる。これは信用創造とは逆で，世の中から通貨が消滅することを表し，これを**信用収縮**という。

【MEMO】
銀行に借金を返済すると，その額だけマネーストックは減少する。つまりそのとき通貨は消滅する。

49

3 章　通貨量が増減する原理

　このときの X 銀行の貸借対照表の変化を示しておく。

資産	負債
貸付金：− 5	預金：− 5
	純資産

　上記の変化を注意深く見てほしい。X 銀行はお金を返して
もらったわけだが，X 銀行が保有するお金は 5 だけ増えるわ
けではない。もちろん X 銀行が保有する中央銀行の預金も
増えない。何が変化したかというと，負債が減ったというこ
とである。お金がものであるという認識が強い人はここで混
乱するかもしれない。そういう人は，まず信用貨幣とは単な
るデータであることを思い出し，ここで立ち止まってじっく
り考えてみてほしい。

預金準備率

　銀行は通貨を発行して融資を行うため，一般に銀行の融資
には制限が設けられている。その 1 つが**預金準備制度**である。
預金準備とは，預金が現金として引き出されるための準備で

50

あり，各国政府は銀行に対してその準備についての制度を設けている。

　例えばある国の政府が預金準備率を 5％に設定している場合，民間銀行は最低でも融資額の 5％の現金を準備できる状態でないといけない。

　Q3 の例では，X 銀行は初め 100 だけの出資金を中央銀行に預けている。ということは，X 銀行は最高でも 100 の現金を中央銀行から引き出して準備できる状態にある。

　X 銀行が 500 のお金を初めて融資するには，最低でもその 5％の 25 のお金を保有し，現金の引き出しに備えていないといけないが，X 銀行は 100 の預金を保有しているので，信用創造によって 500 のお金を融資することができることになる。

　ところが X 銀行が 50,000 のお金を融資しようとすると，その 5％は 2500 であるので，準備金不足になってしまう。このため X 銀行はすぐに 50,000 のお金を融資することはできない。

　では，X 銀行は最高でいくらまで融資できるのだろうか？預金準備制度によって，銀行は次の式を満たす必要がある。

3章 通貨量が増減する原理

$$X 銀行の融資の総額 \times 5\% < X 銀行の準備金$$

X銀行の準備金を 100 として，X銀行の融資の総額について解くと，次のようになる。

$$X 銀行の融資の総額 < \frac{X 銀行の準備金}{5\%}$$

$$= \frac{100}{0.05} = 2000$$

よって預金準備率が 5％なら，X銀行は最高 2000 まで融資できることになり，これは X銀行が持っているお金の 20 倍である。つまり X銀行は自身が持っているお金に対して 20 倍の通貨発行を行うことができることになる。

ただし現代においては，民間銀行は預金準備率による制限の他に，バーゼル銀行監督委員会からの制限を受けている。バーゼル銀行監督委員会とは各国の中央銀行や行政機関の代表で構成される組織で，世界中の銀行同士が安全に連携するために作られた組織である。

その制限は**バーゼル規制**と呼ばれ，それは銀行の自己資本比率に関する制限で，大雑把に言うと，民間銀行は次の不等

式を満たして運営しなければいけないという制限である。

＜バーゼル規制＞

（特殊な定義の自己資本比率）＜（一定割合）

X銀行が100だけ融資すると，X銀行は100だけ負債が増加するため，自己資本比率はそれだけ悪化する。この悪化を監視しているのがバーゼル規制であり，民間銀行は各国の政府が定める預金準備率の制限に加え，このバーゼル規制にも違反しないよう融資額を調整しなければいけない。

中央銀行がお金を貸し出すときの原資とは

銀行口座の種類は一般に普通口座と当座口座があり，普通口座は利息が付く口座で，当座口座は決済専用のため，一般に利息は付かない。

民間銀行が開設する中央銀行の口座は当座口座しかなく，利息が付かないのが一般的である。ただし中央銀行の方針により，当座預金の一部に対して利息を付けたり，場合によってはマイナスの利息を付けることがある。利息をマイナスに

3章　通貨量が増減する原理

するということは，預金を利息分だけ減らされるということ
である。減らす理由は中央銀行が民間銀行に対して投資を促
す意図があるからであり，民間銀行は中央銀行の預金を使っ
て，例えば自身の銀行の設備投資を行ったり，国債や株式，
債券，外貨などを購入したりすることでマイナス金利の影響
を免れることができる。要するにお金をため込みすぎている
民間銀行に対するペナルティがマイナス金利である。

　さて，ここでクイズ。

Q4. 中央銀行が民間銀行にお金を貸すとき，そのお金の原資
　　は何であるか？

　勘のいい人はすでに気づいたかもしれない。中央銀行も銀
行であるので，当然貸付で信用創造が起こる。実は中央銀行
はその職員がコンピューターを使い，残高データを書き換え
ることで融資を行っている。つまり「原資などない」という
のが解答になる。
　例えば各銀行及び政府の中央銀行当座預金残高が以下のよ
うになっていたとする。

54

口座名義	A 銀行	B 銀行	C 銀行	政府
中央銀行残高	370	250	120	70

　ここでC銀行が中央銀行に対して100だけお金を貸してほしいと申し出て，融資が成立すると，中央銀行の職員は次のように残高を書き換える。

口座名義	A 銀行	B 銀行	C 銀行	政府
中央銀行残高	370	250	220	70

　これだけで融資が完了する。結果的にマネタリーベースが100だけ増加することになる。

　ちなみに民間銀行がこのように中央銀行からお金を借りる場合も金利が発生し，このような場合の金利を**政策金利**という。なお，民間銀行が他の民間銀行からお金を借りる場合の金利も政策金利が適用される。

　政策金利の利率の決定権は基本的に中央銀行にあるが，中央銀行は政府機関の一部であることが普通なため，政府の介入で決まることもある。

3章　通貨量が増減する原理

中央銀行が持つ巨大権利

　民間銀行は預金準備率とバーゼル規制によって，貸し出せる額に制限があるが，中央銀行が民間銀行に貸し出せる額に制限はあるだろうか？

　結論は「基本的にない」である。つまり中央銀行は無制限に貸し出すことができてしまう。

　さらに中央銀行はとんでもない権利を有している。例えば中央銀行が建物を改修しようとするとき，その費用の財源は税金でもなんでもなく，通貨発行で支払われる。その改修の仕事を C 銀行に口座を開設している C_3 に依頼し，10 だけの報酬を払う場合，中央銀行は次の 2 ステップで支払いを完了することができる。

（1）中央銀行は C 銀行の中央銀行当座預金残高を 10 だけ
　　　増加させる
（2）C 銀行は C_3 の残高を 10 だけ増加させる

※このときマネーストックもマネタリーベースも同時に 10
　だけ増加することになる。

3章　通貨量が増減する原理

　実は中央銀行が職員に払う給料も，支払う光熱費も同様に通貨発行で行われている。つまり中央銀行はものすごい権利が与えられた機関なのである。

　したがってその権力が暴走しないよう，中央銀行は政府の監視下にあり，法律によってさまざまな制約を受ける機関でなければならない。また，通貨を発行できるわけだから，民間企業と異なり，利潤の追求は不要であり，外貨の借金がない限り，どんなに負債が膨らもうが，経営悪化の概念はない。

　ところが中央銀行が公的機関になっていない国も存在する。その国の中央銀行はなんと民間団体で，その団体の出資者の多くは，いわゆる国際金融資本と呼ばれる銀行や投資家だと言われている。

　これはあくまで著者の想像にすぎない。

　その民間の中央銀行と支配欲の強いR銀行が結託し，R銀行がその中央銀行に口座を開設していたとする。さらにその中央銀行職員やR銀行の幹部，また彼らに同調する欲深い諜報機関や軍事産業もR銀行に口座を開設していたとする。こうなると結託した者達だけで，好き放題通貨を発行し，お金を使うことができる。こうなると一部の人間たちが巨大な

57

3章 通貨量が増減する原理

闇の権力を握ることになる。

政府の資金調達法

　政府は直接**政府紙幣**や**政府硬貨**を発行することがあるが，現代においては，資金調達を目的としてそれらが発行されることはあまりない。

　一般に政府は国債という債券を発行して資金を調達する。債券とは借用書のようなもので，お金を借りるときに発行される証書である。国債の発行で調達するお金は中央銀行の預金として送金される。日本の場合は入札形式で主に民間銀行が国債を買い取っている。

　例えば政府が，「満期が来たら 100 だけ返済する」という国債を発行したとする。この国債に対して，各銀行が次のように入札したとする。

A 銀行：98　　B 銀行：97　　C 銀行：99

　この場合，一番高い値を付けた C 銀行が落札することになる。政府はこれで 99 のお金を調達できたるけだが，満期が

来たら100のお金をC銀行に返すので，そのときC銀行は1だけの利益を得ることになる。その利益は政府にとっては利払い費という経費になる。

C銀行が落札する前

口座名義	A銀行	B銀行	C銀行	政府
中央銀行残高	370	250	120	70

C銀行が落札した後

口座名義	A銀行	B銀行	C銀行	政府
中央銀行残高	370	250	120 − 99 → 31	70 + 99 → 169

中央銀行が国債を買い取る場合

政府が国債を発行し，民間銀行ではなく，中央銀行からお金を借りるとどうなるか。

この場合は中央銀行が政府の預金残高を増加させるだけである。これは単なる通貨発行にすぎず，民間銀行の利益を圧

59

3章 通貨量が増減する原理

迫することになる。

そこで日本の場合は，中央銀行が国債を政府から「直接」買い取ることが法律で禁止されている。（ただし国会で議決された範囲の国債は例外）しかし中央銀行が間接的に買い取ることは問題ない。

例えばC銀行が「満期が来たら100だけ返済する」という国債を99で落札し，政府は99のお金を借りることができたとする。その後C銀行は途中で資金不足になり，その国債を満期前に市場で98の価格で売り出したとする。その売り出された国債を中央銀行が買うことは問題ない。この場合，満期が来ると政府は中央銀行に100のお金を返済することになる。政府は借りた99のお金を100にして返済することになるので，1だけの利払いを中央銀行に行うことになるが，中央銀行は利益を上げる必要がないため，その利払い費の1を政府の口座に戻している。

※日本の場合，正確には中央銀行に必要な運営費を差し引いて利払い分を政府に戻すということを行っているが，中央銀行は運営費を通貨発行で支払うことができるため，利払い費から運営費を差し引く意味はあまりない。

政府は中央銀行にお金を返す必要はない

　中央銀行が保有する国債について考える。

　中央銀行が市場から「満期が来たら１００だけのお金を返す」という国債を買い上げると，中央銀行は政府から１００だけのお金を回収する権利を得たことになる。

　ここで，「政府は中央銀行に対して１００のお金を返す必要があるか？」ということを考えてみたい。何故かというと，中央銀行は通貨を発行してお金を供給したのに，それを政府が返済しなければいけないというのなら，何のために通貨を供給したのかという話になってしまうからだ。しかも中央銀行職員の給料やその他の経費は通貨発行で補えるので，政府からお金を回収しようがしまいが，中央銀行は何も困らないのである。

　別の視点で考えてみる。政府と中央銀行をまとめて１つの公的機関とみなすと，その機関は自分自身で通貨を発行し，それを借りて，その後自分自身にお金を返すということをやっていることになる。つまり中央銀行にお金を返す理由が見当たらないのだ。

　回収した税で中央銀行に返済できると考える人もいるかも

3章　通貨量が増減する原理

しれないが，税は民間が保有する国債の償還に使う方が優先されるので，基本的には実現できない。

そこで多くの国では中央銀行が保有する国債の満期が来ると，例外的に「**借換債**」という国債を発行し，それを中央銀行に渡すことで，返済期限の延長を行っている。そしてその借換債の満期が来れば，さらに借換債を発行し，返済期限の延長を行う。これを永遠と繰り返すことで，政府は中央銀行に対してお金を永続的に返す必要がない状態にしている。

しかしそれなら借換債を発行しなくてもいいように法律を変えてしまっても良いはずだ。

政府がお金を使うときの通貨量の変化

政府が国債を発行し，政府がC銀行から99のお金を借りることができたとき，各残高が次の通りであったとする。

口座名義	A銀行	B銀行	C銀行	政府
中央銀行残高	370	250	31	169

次に政府は国民に仕事をしてもらうため，そのお金をA銀

行に口座を開設している A_1 に 5 だけのお金を払うものとする。その支払いは次の 2 ステップで行うことができる。

（1）政府は A 銀行に中央銀行の預金を 5 だけ支払う。

口座名義	A 銀行	B 銀行	C 銀行	政府
中央銀行残高	370 + 5 → 375	250	31	169 − 5 → 164

（2）A 銀行は A_1 の預金残高を 5 だけ増加させる。

口座名義	A_1
A 銀行残高	61 + 5 → 66

　すると，このときマネーストックは 5 だけ増加したことになる。

【MEMO】

　政府がお金を使うと，使った分だけマネーストックは増加する。

3章　通貨量が増減する原理

国民が税金を納めるときの通貨量の変化

　税金を納めるときの手順はすでに述べたが，納税と通貨量についてもう一度考えてみる。

　A銀行に口座を開設しているA$_1$から税として3だけ引き落とされる場合を考えてみる。これは次の2ステップで可能だ。

（1）A銀行はA$_1$の預金残高を3だけ減少させる。

口座名義	A$_1$
A銀行残高	66 − 3 → 63

（2）A銀行は中央銀行の預金を3だけ政府口座に送金する

口座名義	A銀行	B銀行	C銀行	政府
中央銀行残高	375 − 3 → 372	250	31	164 + 3 → 167

　すると，結局マネーストックが3だけ減少したことになる。

3 章　通貨量が増減する原理

【MEMO】

　国民が政府に税金を納めると，払った分だけマネーストックは減少する。

銀行が利益を上げるときの通貨量の変化

　A 銀行に口座を開設している A_1 が，A 銀行に対して送金手数料を 1 だけ払うと，A_1 の預金残高が 1 だけ減る。その分 A 銀行の売上高が 1 だけ増加する。このときの A 銀行の貸借対照表の変化は次のようになる。

A 銀行の貸借対照表の変化

資産	負債
	預金：− 1
	純資産
	利益剰余金：＋ 1

　銀行以外の事業者が利益を上げるときは，ほとんどの場合は資産と純資産が同時に増加するが，銀行の場合は特殊で，負債を減らすことで利益を上げている。この点は理解するの

65

3章　通貨量が増減する原理

が難しいので，立ち止まって考えてみてほしい。

　上記の変化から，A銀行が1だけ利益を上げると，マネーストックは1だけ減少する。

　銀行が融資によって利益を上げる場合も同様である。例えばA銀行がA_1に対して100だけの融資を行い，A_1が金利込みで110のお金をA銀行に返済したとする。このときマネーストックは融資のときに100だけ増加し，返済のときに110だけ減少するので，結果的に金利分の10だけマネーストックが減少することになる。

【MEMO】

　銀行が利益を上げると，その分マネーストックは減少する。

銀行が債権放棄をしたとき

　A銀行に口座を開設しているA_1が，A銀行から100だけのお金を借りたとする。その後，A_1が破産宣言をして債務不履行になったとする。するとA銀行は債権放棄（債務免除）をすることになる。

　A銀行が100だけの債権を放棄したとき，A銀行の貸借対

照表の変化は次のようになる。

A 銀行の貸借対照表の変化

| 資産

貸付金：－ 100 | 負債 |
| | 純資産

利益剰余金：－ 100 |

　このように銀行は「貸付金」という資産を減少させることで，損失を計上する。ここでマネーストックの変化を考えると，A_1 が 100 だけお金を借りたとき，マネーストックは 100 だけ増加し，その後 A 銀行が債権放棄を確定すると，マネーストックはそのまま維持されるので，銀行が債権を放棄した分だけ信用収縮が起こらないことが確定する。

【MEMO】
　銀行が債権を放棄すると，その分だけ信用収縮が起こらないことが確定する。

3章　通貨量が増減する原理

外貨預金の仕組み

　金融機関に口座を開設すると，自分の預金を外貨に変えることができる場合がある。この仕組みについて説明しておく。

　これは金融機関が国外の銀行に口座を開設して，様々な国の通貨を保有することで実現できる。例えば X 国内にある X_1 銀行が A 国の A_1 銀行，B 国の B_1 銀行，C 国の C_1 銀行に口座を開設していて，それぞれの口座に一定の外貨を保有していると，X_1 銀行では A 国，B 国，C 国の通貨で預金することが可能になる。

　例えば，ある人が X_1 銀行に X 国の通貨で 100 だけ預金していたとする。その 100 の預金のうち，20 を B 国の通貨に変えて預金する場合を考えてみる。為替相場と交換手数料が次のようなっていたとする。

X 国の通貨：20 ＝ B 国の通貨：65

交換手数料：1

このとき X_1 銀行は預金者の残高を次のように書き換える。

68

X 国通貨の残高	100 → 79
B 国通貨の残高	65

　これだけで外貨預金が完了する。結局 X_1 銀行が保有する B 国の通貨のうち，65 だけの通貨の所有権を預金者に移転させたことにして，外貨預金を実現させている。

通貨量には伸縮性がある

　マネタリーベースは民間銀行だけが使える通貨量であり，マネーストックは銀行以外の個人や法人が使えるお金の量である。その量は伸縮性があり，決してプールに蓄えられる水のように，一定量で存在しているわけではない。

　何度も繰り返すが，現代貨幣とは単なる情報であり，その情報を書き換えることで，人々の預金資産を記録している。

　ここで国民の消費意欲に直結するマネーストックの変化についてまとめてみる。

3章　通貨量が増減する原理

●マネーストックが増加する局面

　・国民が民間銀行からお金を借りるとき

　・政府がお金を使うとき

　・銀行が経費を計上するとき

●マネーストックが減少する局面

　・国民が民間銀行にお金を返すとき

　・国民が納税をするとき

　・銀行が利益を計上するとき

ではここでクイズ。

Q5. ある国では，ある年に国会で 200 の予算が決定し，政
　　府はそのお金をすべて使った。200 のうち５０を国債の
　　償還（政府の借金返済）に使い，残りの 150 は国民に
　　支出した。同年に，政府は国民から 90 の税を回収する
　　ことができた。また，国民は民間銀行から総額で 300
　　のお金を借り，340 だけ返済した。この国のマネーストッ
　　クは１年でどれだけ変化したか。ただし国債は国内の銀
　　行しか保有していないものとし，輸出入や国内通貨と外
　　貨との交換はないものとする。

3章　通貨量が増減する原理

【解答】

　国債の償還分はマネーストックに寄与しないことに注意すると，マネーストックの増加量は次のようになる。

　　　（150 − 90）＋（300 − 340）＝ 60 − 40 ＝ 20

つまり 20 だけ増加した。

71

4章 通貨貸借の法則

税は政府支出の財源になるか？

　日本は 1990 年以降の度重なる増税と緊縮財政により，30 年以上不景気が続き，国民は苦しみ続けた。婚姻も減り，2004 年にはついに人口が減少に転じた。

　著者自身も 2018 年ころ，インターネット上で発信する有識者のおかげで，ようやく誤りに気付いた。その誤りの 1 つが「税は政府支出の財源である」ということである。

　例えば 9 人で国家を作ったとする。初めて貨幣を導入するため，一人が政府役（A），一人が中央銀行役（B），一人が民間銀行役（C），残りの 6 人は一般国民（$P_1 \sim P_6$）とする。

　ここで政府 A は初めて予算を執行しようにも，税収以前に貨幣が存在しないわけだから，現代の仕組みに合わせるなら，信用創造によって貨幣を創出するしかない。そこで政府 A は民間銀行 C からお金を借りるわけだが，C は準備金がないためお金を貸すことができない。そこで民間銀行 C は中央銀行 B から 200 だけのお金を借りる。このときの金利は年 0.5% とする。

4 章 貨幣貸借の法則

口座名義	民間銀行（C）	政府（A）
中央銀行（B）残高	200	0

　その後政府 A は国債を発行して民間銀行 C から 100 だけの
お金を借りるものとする。このときの金利は年 1% とする。

口座名義	民間銀行（C）	政府（A）
中央銀行（B）残高	100	100

　一方一般国民はすべて民間銀行 C で口座を開設し，残高は
初め全員ゼロである。

口座名義	P_1	P_2	P_3	P_4	P_5	P_6
銀行残高	0	0	0	0	0	0

　ここで政府 A は P_1 と P_2 に仕事をしてもらうため，それぞ
れに 10 だけのお金を使うと，次のようになる。

口座名義	民間銀行（C）	政府（A）
中央銀行（B）残高	120	80

73

4章 貨幣貸借の法則

口座名義	P_1	P_2	P_3	P_4	P_5	P_6
民間銀行（C）残高	10	10	0	0	0	0

　次に P_3 ～ P_6 の4人はお金がないと不便なため，銀行から
それぞれ10だけのお金を借りる。すると信用創造によって
一般国民の残高は次のようになる。

口座名義	P_1	P_2	P_3	P_4	P_5	P_6
民間銀行（C）残高	10	10	10	10	10	10

　これで貨幣による経済活動が可能となった。ここで「政府
支出の財源は税であるかどうか」を考えてみると，この例で
は初め貨幣がないため，税を財源にしようがない。

　ここで，政府Aは金利込みで101だけの債務を民間銀行
Cに負っているが，マネーストックは60しかないので，P_1
～ P_6 から税として全額を回収しても政府の借金は返せない。
もちろん全部を回収したら，国民は貨幣による経済活動がで
きなり，何のために貨幣を導入したのかという話になってし
まう。

　結局政府支出の財源を税とすると，国民は税のためにさら

に借金をして，税を払うしかないという結果になる。

そしてもっとおかしいことが起こっている。民間銀行 C は中央銀行 B から 200 だけの借金をしており，金利込みで 201 の債務を中央銀行 B に負っているが，今のところ 120 の預金しか持っていない。仮に政府から 80 の預金すべてを返済してもらったとしても，金利の 1 だけ足りず，完済することはできない。

民間銀行 C は P_3 〜 P_6 に貸したお金の一部を返してもらえば中央銀行 B から借りたお金を完済できるのでは？と思った読者がいるかもしれないが，それは不可能である。P_3 〜 P_6 が民間銀行 C に返済しても，前述の通り C の資産が増えるのではなく，負債が減るだけだからだ。

このように金利がある以上，民間銀行 C も常に元金と金利分を完済できないという状態が続いてしまう。

通貨量維持の条件

別の思考実験を考えてみる。初め一般国民 P_1 〜 P_6 の口座の残高はすべてゼロとする。この状態で一人あたり 100 だけのお金を民間銀行 C から借りることができたとする。す

4 章　貨幣貸借の法則

ると，信用創造によって残高は次のようになる。なお金利を年 1% とし，預金には利息が付かないものとする。

口座名義	P_1	P_2	P_3	P_4	P_5	P_6
銀行残高	100	100	100	100	100	100

　するとこのときマネーストックは 600 であるが，6 人が 1 年後に返済すべき額の合計は，金利込みで 606 である。しかし合計で 600 しかないのでお金が足りず，このままでは 606 のお金を返すことができない。

　前の例では，初め政府がお金を使い，P_1，P_2 にお金を配ったため，このようなことはなかったが，今回はそうはいかない。

　結局お金は必ず銀行での借金で増え，その借金には金利がかかるため，このような不都合が生じてしまう。これこそが学者が見抜けなかった貨幣の矛盾である。

　ここで，政府や銀行がお金を使ってマネーストックを増加させることなく，P_1 〜 P_6 がする借金だけで通貨量を 600 のまま維持するための条件を考えてみる。

　初めの通貨量は 600 である。その 600 には 1 ％の金利がか

かるため，1 年後には次の額を返さなければいけない。

$$600 \times 1.01 = 606$$

しかし通貨量は 600 しかないので，6 だけ足りない。そこで 1 年後に 606 を借りて，その借りたお金から足りなかった 6 を返済する。すると再び通貨量が 600 に戻る。

しかし借りた 606 にも 1 ％の金利がかかるため，2 年後には次の額を返さなければいけない。

$$(600 \times 1.01) \times 1.01 = 600 \times 1.01^2 = 612.06$$

しかし通貨量は 600 しかないので 12.06 だけ足りない。そこで 2 年後に 612.06 を借りて，その借りたお金から足りなかった 12.06 を返済する。すると再び通貨量が 600 に戻る。

しかし借りた 612.06 にも 1 ％の金利がかかるため，3 年後には次の額を返さなければいけない。

$$(600 \times 1.01^2) \times 1.01 = 600 \times 1.01^3 = 618.1806$$

しかし通貨量は 600 しかないので 18.1806 だけ足りない。そこで 3 年後に 618.1806 を借りて，その借りたお金から足りなかった 18.1806 を返済に回す。すると再び通貨量が 600 に戻る。

同じことを繰り返すと，n 年後には 600×1.01^n のお金を借

4章 貨幣貸借の法則

りる必要がある。この値を小数第 1 までの概数で表すと次のようになる。

$$10\text{年後} \cdots 600 \times 1.01^{10} \approx 662.8$$
$$20\text{年後} \cdots 600 \times 1.01^{20} \approx 732.1$$
$$30\text{年後} \cdots 600 \times 1.01^{30} \approx 808.7$$
$$40\text{年後} \cdots 600 \times 1.01^{40} \approx 893.3$$
$$50\text{年後} \cdots 600 \times 1.01^{50} \approx 986.8$$
$$100\text{年後} \cdots 600 \times 1.01^{100} \approx 1622.9$$

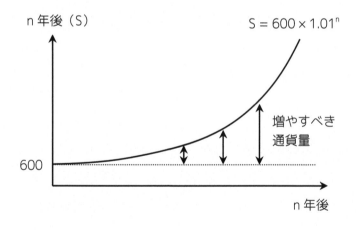

このように通貨量を維持するためには，年々借金額の総量

を増やし続けなければいけない。人口が増加して，なおかつ景気が良い状態なら企業の投資が増え，その借金の総量は増えやすいが，そうでなければ信用収縮の影響で，通貨量が減少し，それに伴う消費の減速で，不景気に陥ってしまう。

　結局人口は無限に増え続けることができないので，最終的には政府と中央銀行が国民に対して通貨供給を指数関数的に増やしていかなければいけない。

　さてこの思考実験では重要なことを見落としている。それは，どれだけ国民が努力しても，国民の間で必ず格差が生じてしまうということである。例えば，経済活動の結果，預金残高が次のようになったとする。

口座名義	P_1	P_2	P_3	P_4	P_5	P_6
銀行残高	190	185	120	70	20	15

　このように格差が開いてくると，破産者が出る確率が高まる。すると銀行も営利が目的のため，誰にでも平等にお金を貸さなくなる。よって単純に数式通り通貨量を増やせばよいという話にはならない。何らかの方法で格差を縮小しつつ，通貨量を増大させる必要がある。

4章　貨幣貸借の法則

貨幣社会の矛盾の正体

この思考実験によって，次のような不都合が生じていることが分かったかと思う。

（1）金利があるため国民全体の借金を全部返すことができ
　　　ない。その結果お金の奪い合いによって，常に誰かが
　　　破産するリスクを抱えてしまう。
（2）借金を返すとお金が消滅するので，経済活動がしにく
　　　くなる。よって常に誰かが借金をし続け，なおかつそ
　　　の総額を指数関数的に増加させ続けなければいけない。

これらのことを数学的に証明してみたいと思う。
貸借対照表の基本式は次のようなものであった。

資産＝負債＋純資産

ここで，これをマクロの視点で解析できるよう単純化して
みる。世の中の資産には法定通貨以外に固定資産や有価証券
などがある。例えば土地や建物，株式や売掛金といったもの

4章　貨幣貸借の法則

である。こういった時間とともに評価額が変動する資産を一切排除し，取り扱う勘定科目は，現金と預金とその貸し借りで用いるものだけに限定して，新たな貸借対照表を定義する。さらに個人や法人に番号を付けて，番号が i である人の資産を (資産)$_i$, 負債を (負債)$_i$, 純資産を (純資産)$_i$ とする。すると次の式が成り立つ。

$$(資産)_i = (負債)_i + (純資産)_i$$

　また，全国民の総和についてもこの関係が成り立つので，次の式が成り立つ。

$$
\begin{aligned}
(資産)_1 &= (負債)_1 + (純資産)_1 \\
(資産)_2 &= (負債)_2 + (純資産)_2 \\
(資産)_3 &= (負債)_3 + (純資産)_3 \\
(資産)_4 &= (負債)_4 + (純資産)_4 \\
&\ \ \vdots
\end{aligned}
$$

$$+)\ \overline{}$$

$$\sum (資産)_i = \sum (負債)_i + \sum (純資産)_i \quad \cdots ①$$

81

4章　貨幣貸借の法則

　ここでXとYの2者のお金の貸し借りがあったときの，貸借対照表の変化について考えてみる。

仮にXがaだけのお金をYに貸したとする。

(i) XとYがともに民間銀行でないとき，またはXとYがともに民間銀行であるとき，貸借対照表の変化は次のようになる。この場合はお金の貸し借りによって信用創造が起こらないことに注意してほしい。

　aだけ貸したXの貸借対照表の変化

資産	負債
預金：－a	
貸付金：＋a	純資産

4 章　貨幣貸借の法則

aだけ借りたYの貸借対照表の変化

資産	負債
預金：＋a	借入金：＋a
	純資産

上記2者の合わせて考えると，次の式が成り立つ。

資産の変化量の総和 ＝ 負債の変化量の総和

（ii）Xが民間銀行でYが民間銀行でないとき，またはXが
　　中央銀行でYが民間銀行であるとき，貸借対照表の変
　　化は次のようになる。この場合はお金の貸し借りによっ
　　て信用創造が起こることに注意してほしい。

4章 貨幣貸借の法則

a だけ貸した X の貸借対照表の変化

資産	負債
貸付金：＋a	預金：＋a
	純資産

a だけ借りた Y の貸借対照表の変化

資産	負債
預金：＋a	借入金：＋a
	純資産

上記2者の合わせて考えると，次の式が成り立つ。

$$資産の変化量の総和 = 負債の変化量の総和$$

(ⅲ) X が Y に対して a だけ債務免除を行った場合，貸借対
照表の変化は次のようになる。この場合 X，Y が銀行で
あろうがなかろうが同じであることに注意してほしい。

４章　貨幣貸借の法則

aだけ債務免除をしたXの貸借対照表の変化

資産	負債
貸付金：− a	
	純資産
	利益剰余金：− a

aだけ債務を免除されたYの貸借対照表の変化

資産	負債
	借入金：− a
	純資産
	利益剰余金：＋ a

上記２者の合わせて考えると，次の式が成り立つ。

資産の変化量の総和 ＝ 負債の変化量の総和

4章 貨幣貸借の法則

(ⅳ) X が Y に対して商品を売り，X が Y から a だけの代金
　　を受け取ったとき，または Y が X に a だけのお金を譲
　　渡したとき，貸借対照表の変化は次のようになる。

　a だけ受け取った X の貸借対照表の変化

| 資産
預金：＋a | 負債 |
| | 純資産
利益剰余金：＋a |

　a だけ支払った Y の貸借対照表の変化

| 資産
預金：－a | 負債 |
| | 純資産
利益剰余金：－a |

　上記 2 者の合わせて考えると，次の式が成り立つ。

　　　　資産の変化量の総和 ＝ 負債の変化量の総和

貨幣がない初めの状態では，どの人も資産と負債はゼロであるので，（i）〜（iv）より次の式が成り立つ。

$$\sum (\text{資産})_i = \sum (\text{負債})_i \quad \cdots ②$$

ここで①式をもう一度記述しておく。

$$\sum (\text{資産})_i = \sum (\text{負債})_i + \sum (\text{純資産})_i \quad \cdots ①$$

①，②より次の式が成り立つ。

$$\sum (\text{純資産})_i = 0 \quad \cdots ③$$

ここで②，③を法則として次のように定義する。

通貨貸借の法則１：$\sum (\text{資産})_i = \sum (\text{負債})_i$

通貨貸借の法則２：$\sum (\text{純資産})_i = 0$

4章　貨幣貸借の法則

●**法則 1 からわかること**

　例えばある国家で 1000 だけのお金があれば，誰かが合計で 1000 だけの借金をしていることになる。つまりお金は誰かが銀行で借金をしてくれたおかげで存在している。結局借金をする人が増えれば通貨量も増え，借金をする人が減れば通貨量も減る。借金をする人がいなくなれば，通貨量は維持できなくなり，貨幣社会は破綻する。

　また借金には金利がかかるので，次の不等式が成り立つ。

$$\sum (資産)_i < \sum (負債)_i + \sum (金利)$$

　つまり，お金の量がいくら増えても，国民全員の借金を返すことはできない。

●**法則 2 からわかること**

　国民の半分が現預金資産を増やすと，残りの半分は現預金資産を減らすか，負債を増やすかして，純資産を減らすことになる。結局国民全員の純資産が正になることはない。

4章　貨幣貸借の法則

●法則1と法則2から総合してわかること

　現代貨幣は借金でお金が増える仕組みであるので，貨幣社会を維持するためには，価値と消費を拡大し続けなければいけない。そしてそれができなくなったときは，弱者から次々に破産していく。

通貨量と物価

　金利がある以上，通貨量を維持するためには，必ずマネーストックの増加が必須である。しかし通貨量が増えると，物価は高い確率で上昇してしまう。ということは，我々は通貨を維持する限り，物価上昇から免れることはできない。ただし上昇の度合いを抑えることはできる。

　少し考えればわかることだが，物価上昇率は国内のものやサービスの供給力と強い相関性がある。

　例えば産業が乏しい発展途上国では，供給できる商品やサービスが少なく，売れるとすぐにもの不足，サービス不足に陥ってしまう。このような場合，通貨量の増大とともに簡単に物価が上昇してしまう。

4章　貨幣貸借の法則

一方様々な産業が発達している先進国では、ものやサービスが売れても次々に供給されるため、簡単には物価上昇が起こらない。つまり先進国での物価上昇率は発展途上国に比べて低いことは明らかである。したがって国民が供給できる産業を増やし、その生産効率を上げることで、物価上昇を抑制できる。

通貨貸借の法則の補足

定性化した「通貨貸借の法則」の補足を行っておく。

通貨貸借の法則 1：$\sum (\text{資産})_i = \sum (\text{負債})_i$

通貨貸借の法則 2：$\sum (\text{純資産})_i = 0$

これらの法則は、用いる勘定科目を法定通貨とその貸し借りで発生するものに限定して定性化したが、その理由について述べておく。

例えばある人が土地という資産を持っていて、1年後にその評価額が 100 だけ減ってしまったとする。このとき土地の所有者の純資産が 100 だけ減るが、その分別の誰かの純

資産が 100 だけ増加するわけではないので，土地という資産を扱うと，通貨貸借の法則が成り立たなくなってしまう。

しかし発行の際に負債が計上される小切手や手形のような有価証券なら，それらを含めても成り立つと考えられる。仮にAという人物がある企業Bから小切手を受け取り，その後Bが倒産して，Aの小切手が現金化できなくなったとする。このときAの資産は小切手の額面だけ減少し，Bの負債も同額だけ減少するので，そのような有価証券を含めても通貨貸借の法則は成り立つと考えられる。しかし株式のような有価証券は評価額が時間とともに変化してしまうので，これを含めてしまうと法則が成り立たなくなる。

本書においては個別の企業の経営状況を把握することが目的ではなく，社会全体を把握することが目的であるため，法則はできるだけシンプルである方が都合がよい。これが法定通貨とその貸し借りで用いる勘定科目に限定した理由である。

なお，厳密なことを言うと，紙幣や小切手，手形などの有価証券が不測の事態で消失すると，通貨貸借の法則は成り立たなくなるが，当然これはまれなケースであり，ここまでの厳密さを求める意味はないことを付け加えておく。

5章 金融政策と貨幣価値

マネタリーベース維持に必要なこと

　中央銀行が通貨を発行して国債を買い上げることは，政府の借金を帳消しにすることを意味する。一般には中央銀行が買い取った国債については，政府が繰り返し借換債を発行することで，返済期限を永遠に先延ばしにするからだ。

　それならば最初から国債の大部分を中央銀行が買い上げてしまえばいいのでは？という疑問が出るかもしれない。しかしそうすると民間銀行が利益を上げる機会を失って，民業を圧迫してしまう。政府や中央銀行はあくまで国民の生活の安定を目的とする公的存在であり，利益を上げる必要はないわけだから，中央銀行は民間銀行をある程度儲けさせながら国債を市場から買い上げなければいけない。

　では中央銀行は何故国債を市場から買い上げなければいけないのか。マネタリーベースもマネーストックと同様に借金でお金が創造され，通貨量維持のためには，常にどこかの銀行が中央銀行から借金をし続けなければいけない。しかしその継続はいずれ困難になってしまう。それは人口が無限に増

加できないことと同じだ。民間銀行も無限に増加することはできないので，最終的には中央銀行が国債を買い上げることで，マネタリーベースの増加を維持せざるを得なくなる。

マネタリーベースについての思考実験

仮想国家でもう一度思考実験を行ってみる。初め貨幣はなく，マネタリーベースもマネーストックもゼロである状態から考える。

初めA銀行，B銀行，C銀行及び政府の中央銀行の残高は以下の通りであったとする。

口座名義	A銀行	B銀行	C銀行	政府
中央銀行残高	0	0	0	0

ここで政府は国債を発行して，各民間銀行から200のお金を借りる。金利を年1％とすると，政府は合計で600だけ借金をするので，金利込みで606の債務を負うことになる。

しかし民間銀行はすべて残高がゼロなため，それぞれは中

5章　金融政策と貨幣価値

央銀行から金利を年 0.5% で 200 だけ借金をしたとする。
すると信用創造によって残高は次のようになる。

口座名義	A 銀行	B 銀行	C 銀行	政府
中央銀行残高	200	200	200	0

　民間銀行はそれぞれ金利込みで 201 の債務を中央銀行に負
うことになるので，3 つの銀行の債務の総額は 603 である。
しかし合計で 600 しかないので，このままでは返せない。
　次に銀行が政府にお金を貸すと，残高は次のようになる。

口座名義	A 銀行	B 銀行	C 銀行	政府
中央銀行残高	0	0	0	600

　そして政府はその借りたお金を使って国民に仕事をしても
らう。政府は報酬を支払うため，中央銀行の預金を民間銀行
に支払うと，残高は次のようになったとする。

口座名義	A 銀行	B 銀行	C 銀行	政府
中央銀行残高	300	200	100	0

5章　金融政策と貨幣価値

　1年後，国民が納税を行った。国民はA銀行へ150，B銀行へ100，C銀行へ50の合計300を税として支払った。すると各銀行は納税分を政府に支払うので，残高は次のようになる。この残高の状態を【状態1】とする。

【状態1】

口座名義	A銀行	B銀行	C銀行	政府
中央銀行残高	150	100	50	300

　ここで政府の民間銀行に対する債務は606であるが，税収は300しかないので完済できない。政府はこれでどうすることもできなくなる。よって最終的には通貨発行で補うしかない。やり方はいろいろあるが，今回は政府が借換債を発行し，中央銀行から足りない306のお金を調達してみる。すると残高は次のようになる。

口座名義	A銀行	B銀行	C銀行	政府
中央銀行残高	150	100	50	606

　そして，政府が各民間銀行に202だけ返済すると，次のよ

95

5章　金融政策と貨幣価値

うになる。

口座名義	A銀行	B銀行	C銀行	政府
中央銀行残高	352	302	252	0

このときのマネタリーベースは次のようになる。

$$352 + 302 + 252 = 906$$

ここで各民間銀行が中央銀行から借りていた 201 のお金を
それぞれ返済すると，残高は次のようになる。

口座名義	A銀行	B銀行	C銀行	政府
中央銀行残高	151	101	51	0

このときのマネタリーベースは 303 である。これは 中央銀
行が借換債と引き換えに政府に貸し出した 306 から民間銀
行が中央銀行に支払った金利分の 3 を差し引いた額と一致
する。

結局政府が借換債を発行し，中央銀行が通貨を発行してお
金を供給したことで，マネタリーベースは増加した。その結

果，3つの民間銀行は中央銀行から借りたお金を金利込みで返すことができた。

このことから中央銀行がある程度国債を買い取らなければ，政府や民間銀行は借金の返済ができないことがわかる。

次に【状態1】に戻り，政府と民間銀行が借金を返済するための別の方法を考えてみる。

【状態1】

口座名義	A銀行	B銀行	C銀行	政府
中央銀行残高	150	100	50	300

このとき3つの民間銀行は，満期が来たら202のお金をもらえるという国債をそれぞれ保有している。

ここで中央銀行は各民間銀行からそれぞれ102だけの国債を部分的に買い上げてみる。すると残高は次のようになる。

口座名義	A銀行	B銀行	C銀行	政府
中央銀行残高	252	202	152	300

5 章　金融政策と貨幣価値

　このとき，各銀行はそれぞれ満期が来たら次の額をもらえる国債を保有していることになる。

$$202 - 102 = 100$$

　政府の民間銀行に対する債務は 606 から 300 に減額されたことになるが，政府はちょうど税で 300 のお金を回収してあるので，国債の満期が来たときにそれを各銀行に返済すると，残高は次のようになる。

口座名義	A 銀行	B 銀行	C 銀行	政府
中央銀行残高	352	302	252	0

　このあと，各民間銀行が中央銀行から借りていた 201 のお金をそれぞれ返済すると，残高は次のようになる。

口座名義	A 銀行	B 銀行	C 銀行	政府
中央銀行残高	151	101	51	0

　このときのマネタリーベースは 303 であり，これは政府が借換債を発行した場合と同じである。

5章　金融政策と貨幣価値

このことからもわかる通り，マネーストックと同様，マネタリーベースも通貨量を維持するために，中央銀行が指数関数的に国債を買い上げ，通貨を供給し続けなければいけない。

日本の金融緩和政策の失敗

西暦1990年以降不景気が続いていた日本では，景気回復を狙って西暦2013年に，中央銀行が国債を市場から大量に買い上げる金融緩和政策が行われた。これによりマネタリーベースが増加し，民間銀行の資金繰りはよくなったわけだが，これだけでは当然景気は回復するはずはない。中央銀行がいくら国債を買い上げてもマネーストックは増えないからだ。

中央銀行の当座預金は銀行間及び銀行と政府の間でしか使えないお金であり，民間銀行がお金を貸し出すための準備金でもある。その準備金が増加すると，預金準備制度により，信用創造によって民間銀行が貸し出せるお金の上限額が増加するだけである。普通に考えればわかることだが，その上限額が増えたので，国民がお金をたくさん借りるようになるとはならない。

経営者は儲かる見込みがあるからこそお金を借りて投資を

5章　金融政策と貨幣価値

増やそうとするし，国民は所得が安定しているからこそ住宅
ローンを組んで家を建てようと思う。だから政府が最初にや
るべきことは，国民の所得と消費を増やすことであり，その
ためには，減税や政府支出を拡大してマネーストックを増加
させなければいけない。しかし当時の日本政府はこれをかた
くなに行わなかったため，当然ながら景気回復には至らな
かった。

通貨切り下げ

　貨幣を維持するためには通貨量と物価の増大は数学的に必
須であることを示したが，物価が上がると，価格の桁数も上
がり，いろいろな場面で不便になってしまう。例えば現金で
ドリンクを1つ買うとき，札束で支払うというのは大変不便
である。

　そこで定期的に通貨切り下げ（デノミネーション）を行う
必要がある。例えば，通貨単位がXである国があったとする
と，次のような定義の変更を行う。

$$100\,X \to 1\,X$$

こうすることで数字の桁数が減ることになり，情報として扱いやすくなる。日本の場合は西暦1871年に新たな通貨単位「円」を導入し，次のように定義することで桁数を減らした。

100 銭 = 1 円

現在では「銭」という単位は売買においては使われなくなり，これも事実上の通貨切り下げである。

貨幣価値の勘違い

通貨量が増えると単純に通貨の価値が下がると勘違いする人がいるが，その考えは非常に短絡的である。そのような人は通貨をコレクターが集める品物と勘違いしている。

例えば小麦1袋の価格が10である国があったとする。その後その国で通貨量が増え，貨幣の価値が下がるのなら，その10の貨幣と交換できる小麦の品質や需要も下がらなければいけない。しかしそれは論理的にあり得ない。通常は通貨量が増えると，物価もそれに合わせて上がるので，結果的に貨幣価値は変わらないことになる。

貨幣の価値や信用は，その貨幣が流通する国で売られてい

るものやサービスの品質や供給力で決まるはずであり，品質の高いものやサービスといつでも交換できる状態なら，その国の貨幣の価値や信用は高いと言えるはずである。

外貨建て国債のリスク

　自国通貨建て国債とは政府が自国の通貨を借りるために発行する借用書であり，外貨建て国債とは外国から外貨を借りるために政府が発行する借用書である。自国通貨建て国債の場合は，いくら発行しても政府は債務不履行に陥ることはない。何故なら中央銀行が国債を無制限に買い取ることができるからだ。しかし外貨建て国債の場合は，相手国の通貨を勝手に発行できないため，中央銀行は無制限に買い取ることができない。つまり政府が借りた外貨は完全な借金といえる。
　政府が借りた外貨を相手国に返すためには，まず国内に輸出産業を育て,国民に外貨を稼いでもらわなければいけない。外貨を稼いだ企業は，従業員に給料を支払うために，銀行で外貨を自国通貨と交換し，その自国通貨を従業員に配ることになる。すると銀行にその外貨がたまるので，今度は政府や中央銀行が自国通貨を発行して，その自国通貨を外貨と交換

する。こうして政府が外貨を手にすると，相手国に外貨を返すことができる。

西暦1945年に日本は戦争でアメリカに負け，国民は焼け野原の貧しい状態から立ち直るとき，このステップを踏んでいる。初めは外貨を借り，それで食料やエネルギーを調達しながらしのいできたのだ。そしてうまく輸出産業が育ち，逆に外貨を余るほど稼げるようになった。しかし西暦1990年以降の日本政府の緊縮財政により，日本国民の消費と所得が上がらず，せっかく稼いだ外貨を自国通貨と交換して使うことができず，外貨をため込み続けるという結果になった。

結局銀行は余った外貨を国外の投資に回すことになり，日本人が稼いだ外貨は日本のためではなく，日本人以外のために使われるというおかしなことが起こってしまったのだ。

政府債務残高の意味

自国通貨の政府債務残高とは，政府の借金の累計ではあるものの，その借金は中央銀行が無制限に通貨を発行して帳消しにできるので，それは単なる政府の通貨供給量を表しているにすぎない。したがってその額の多さに懸念を抱く必要は

103

5章 金融政策と貨幣価値

全くない。

ところが日本の官僚やマスコミはその政府債務残高がどんどん増加していることを取り上げ、「このままでは大変なことになる」と国民を煽り続けてきた。

マスコミの洗脳とは恐ろしいもので、誰かが減税や政府支出の拡大を主張しようものなら、「財政の健全性が保たれなくなる」、「通貨の信認が失われる」、「物価に歯止めがかからなくなる」と感情的に怒り出す人も少なくなかった。

賢明な読者ならもう気づいていると思うが、前述の通り借金で増える仕組みの貨幣を用いている限り、通貨量は常に増加し続ける必要がある。したがって自国通貨の政府債務残高が増加し続けることはごく当たり前のことである。

5章　金融政策と貨幣価値

6章 税の機能と通貨流動圧力

税の役割とは

　前述の通り，貨幣がない社会から貨幣を導入するとき，政府にとっては税を財源にしようがないため，最初に政府が国民に対して通貨を供給して，その後徴税をすることになる。

政府が通貨を供給

↓

納税で通貨が消滅

↓

政府が通貨を供給

↓

納税で通貨が消滅

↓

：
：

　そして重要なことは，政府がお金を使うとマネーストックは増加し，国民が政府に対して税を納めると，マネーストッ

クは減少する。ここで，金利があるため，通貨量は常に増加しなければいけないことをすでに説明したが，徴税は通貨量を減少させてしまう。では徴税は何のために行うのか。

次の二つの主張を考えてみる。

（1）政府は常に破産の恐れがあるので，財政規律を守ることは重要である。したがって政府はできる限り税を財源として国家を運営しなければならない。

（2）政府や中央銀行は通貨発行権を持っているので，理論上無税国家にできる。したがって徴税は不要である。

一方では財政規律を理由に徴税の必要性を主張しているが，一方では通貨を発行できるので，税は不要だと主張している。一体どちらの主張が正しいだろうか。

実はどちらも真実をとらえている一方で，認識を誤っている。

まず（1）の主張を考察する。

「政府は常に破産の恐れがあるので，財政規律を守ることは重要である」とは，外貨の借金が多い場合に特に当てはまる

6章　税の機能と通貨流動圧力

ことであり，自国通貨の場合は当てはまらない。

　また，「政府はできる限り税を財源として国家を運営しなければならない」ということだが，前文が外貨について述べているとすれば，自国通貨の税で外貨の返済はできないため，論理としておかしい。外貨の借金が問題なら，外貨を稼ぐための国内産業を育てることが重要であり，それは政府支出を節約することと矛盾する。

　このような主張をする人は，国家経営が通貨を発行できない民間企業の経営と同じだと勘違いしている。国家経営とは，政府の利潤を追求することが目的ではなく，国内産業を強くし，国民の生活を安定させることが目的である。したがって政府や国会議員の仕事は，発行される通貨をどこにどれだけ分配し，税をどこからどれだけ回収すればその目的が達成できるのか，ということを考えることである。

　次に，（2）の主張を考察する。

「政府や中央銀行は通貨発行権を持っているので，理論上無税国家にできる」ということは間違いない。実際には政府は国債を発行して，銀行からお金を借りるので，通貨を発行していないと主張する人もいるが，これはそうではない。前述の通り，政府が支出をするとマネーストックは増加するので，

6章　税の機能と通貨流動圧力

それは政府が信用創造によって民間銀行に通貨を発行させた
ことになり，政府は間接的に通貨を発行しているのである。

　もちろん政府が直接発行する方法もある。政府紙幣を発行
し，それを中央銀行に預金し，その預金を使って国民に支出
をする。しかしこれだと民間銀行が金利を稼げないため，民
業を圧迫してしまう。

　このように政府紙幣を発行する手間，中央銀行がそれを保
管する手間，民業を圧迫する問題を考慮すると，普通に国債
を発行した方が簡単なので，現代では政府紙幣はほとんど発
行されない。

　続いて「徴税は不要である」という主張であるが，実はこ
こが間違っている。税を財源であると考えると，論理の矛盾
や通貨量の矛盾が起こったが，徴税をしないといろいろな不
都合が生じてしまう。

6章　税の機能と通貨流動圧力

税の機能と負の所得税

　実は税には次のような機能がある。

（１）法定通貨の流通を強制させる

　例えば債券，小切手，外貨，暗号通貨などを通して経済活動を行っても，それらでは税は納められないので，最終的には法定通貨を得る必要がある。つまり徴税は法定通貨の需要を生み，その流通を強制させる機能がある。

　法定通貨以外でも価値の交換は可能なのに，何故法定通貨を使った方がいいのか。例えば「Bからリンゴ20個をもらえる権利」という証書で価値を交換しようとすると，Bが倒産したり死んでしまったりしたとき，その証書はただの紙切れになってしまう。つまりその証書を受け取る場合は，その信用性を十分考慮して受け取らなければいけない。しかし法定通貨であれば，国が崩壊したり，別の国に乗っ取られたりしない限り，その心配がないので便利になる。徴税はその利便性を維持するのに役立っている。

　ただし，徴税権は政府だけが持ち，法定通貨発行権は政府

110

と銀行が持つため，政治家や官僚，銀行が強い権力を握り，支配と服従の関係を生み出す欠点がある。

（2）消費と物価上昇を抑制する

　前述の通り，納税とは通貨消滅を意味し，マネーストックを減少させる。したがって消費を抑制する効果があり，結果的に物価上昇を抑制する効果がある。
　特に景気が過熱しているときは増税，景気が冷え込んでいるときは減税をすることで，景気をある程度コントロールすることができる。

（3）特定の行動を制限する

　例えば国内の産業を強くしようと思っても，国外から安い商品がたくさん入ってくると，国内産業が競争に負けて育たない。そのため特定の輸入品に高い関税がかけられることがある。このように税は国民の消費行動を制限することができる。

6章 税の機能と通貨流動圧力

（4）経済格差を調整する

　累進性のある所得税のように，稼ぎが多い人から多く税を
とり，稼ぎが少ない人から少なく税をとることで，経済格差
の拡大を抑制できる。このように徴税のやり方を工夫するこ
とで，税は経済格差を調整することができる。

　ただし現代の所得税はいわゆる「正の所得税」で，これは
経済格差の拡大率を小さくするだけで，効果は薄い。

　これを解決するのが「負の所得税」であり，これは累進性
を保ちつつ，低所得者に対して給付機能を持たせる徴税方法
である。正の所得税に比べればこちらの方が効果は断然高い
はずであるが，「働く意欲を削ぐ」といった勘違いによりな
かなか導入されないのが現状である。

　実は働く意欲を削ぐのは負の所得税やベーシックインカム
制度がない社会の方である。何故なら，それらがない社会で
は,特に弱者が「働いてもどうせ報われない」と思うからだ。

　詳しくは後述するが，貨幣社会は放っておけば必ず経済格
差が生じる。貨幣を基軸としている限り，支配と服従の関係
が生じることは明白なため，人類はいずれ貨幣を捨て，別の
システムで価値の交換を行うようになるはずである。

112

●負の所得税とは

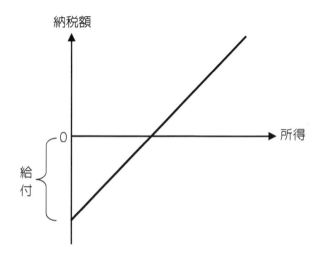

・所得が高いほど納税額が多くなるが，所得が一定額より低いとその低さに応じて給付される。

経済格差は何故悪なのか

 国力とは国民がつくるものやサービスの生産力や供給力であり，それは国民が作り上げるものである。しかし運よく貨幣を多く手に入れた者は，あまり働くことなく生きることができてしまうため，その分国力を維持するための負担は貧困

6章 税の機能と通貨流動圧力

層にのしかかることになる。

経済格差が生じる原因は主に次の2点が挙げられる。

（1）競争による経済格差の拡大

国民の誰もが満点の製品あるいはサービスを提供しても，商売には必ず勝ち負けがつく。

例えば，夕食のためのレストランの選択肢がA,B,Cとあるとき，どのレストランも素晴らしい料理を提供するので，一日でA,B,Cすべての料理を食べようとはならない。それが家を建てるための選択肢だったらどうか。A,B,Cは素晴らしい家を建てるので，A,B,Cのそれぞれに依頼をして，家を3軒建てようということにはならない。このように考えると，我々は貨幣を基軸としている以上，経済格差から逃れることはできない。結局我々は貨幣という便利な道具を手にした代償として，支配と服従の関係が生じることを許容せざるを得なくなったのだ。

（２）不労所得による経済格差の拡大

　余った預金や土地を運用しようとする人もいる。例えば株式投資で配当を得ようとしたり，駐車場の利用料を得ようとしたりする。一見すると問題ないように思われがちだが，これは経済格差を助長する。
　前述の通貨貸借の法則を思い出してほしい。

　　通貨貸借の法則１ : $\sum (\text{資産})_i = \sum (\text{負債})_i$
　　通貨貸借の法則２ : $\sum (\text{純資産})_i = 0$

　誰かの純資産が増加すれば，誰かの純資産が減少する。つまり誰かが不労所得を得ると，その分誰かが貧困化する。誰が貧困化するかというと，もちろん運用する資金や土地がない貧困層である。

通貨流動圧力

　縦軸を価値の供給力の強さ，横軸を不労所得の多さとして，人々の経済力を考えると，次のように人々の間には「通貨流

動圧力」が生じていると考えられる。物理や数学の知識がある人は，社会はそれらについてのベクトル場であると考えるとわかりやすいだろう。

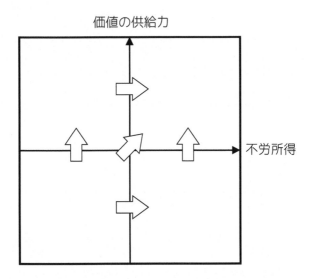

　簡単に言えば，貨幣とはそれをたくさん持っている人の方へ流れる性質があるということだ。このような貨幣の欠点を補うための手段として徴税があると言える。税は政府支出の財源であるという観念から抜け出せない人は，この辺りから混乱してくるかもしれない。

6章 税の機能と通貨流動圧力

お金を配ると人々は働かなくなるか

　通貨流動圧力が生じるという貨幣の欠点を補うには，負の所得税やベーシックインカム制度の導入で，低所得者への給付が必須となるが，そうすると次のように考える人が必ず出る。

（1）物価上昇に歯止めがかからなくなる
（2）お金を配られることがわかると国民は働かなくなる

　まず，（1）の主張を考える。前述した通り，国民が民間銀行から合計で100だけお金を借り，金利を年1%として101だけを返済すると，通貨量が元に戻るどころか金利分の1だけ減ってしまう。この金利分の1は銀行の資産の増加分ではなく，負債の減少分として経理されるからだ。
　このように貨幣社会には常に信用収縮の影響が付きまとっているので，通貨量はどこまでも増大し続ける必要がある。
　ここで「物価上昇に歯止めがかからなくなる」という主張を考えると，これは信用収縮には対処せず，「国民の所得の減少に歯止めがかからなくなる」ことはどうでもいいという

117

6 章　税の機能と通貨流動圧力

主張とも理解でき，論理として破綻している。

　次に（2）の主張を考える。低所得者にお金が配られると，確かに働かなくなる人は出るだろうが，全員が働かなくなるなら，それは人類の滅亡を意味する。お金が配られると，人々はみんな喜んで死のうとするのだろうか？

　冷静に考えればわかることだが，人々にお金を配られて困るのは，世の中をコントロールしようとする支配層側である。何故なら，庶民の労働を安く買いたたくことができなくなるからだ。労働を安く買いたたかれる庶民は，お金が配られれば，支配層のいうことなどきく必要はなく，自分がやりたいと思う仕事に就くはずである。支配層にとってそれは困るので，（2）のような主張を死に物狂いで広めようとするのである。

　さて，（2）の主張が明確に誤っている理由を述べておく。お金が配られると，人々は仕事量を減らして消費を増やそうとする。つまり需要が増えて供給が減るため，高い確率で物価が上がる。物価が上がると人々の資産は減るので，やがて人々は働かざるを得なくなる。

　結局お金が配られても供給が維持されなければ人々の生活が成り立たないので，その供給の維持のために物価が自然と

118

調整されるだけである。したがってお金が配られるとみんな働かなくなるなんてことはあり得ない。

負の所得税の効果

　世の中何が起こるかわからないので，富裕層でも自分が貧困層になってしまうことに常におびえることになる。だから余った資金を無理やりにでも運用してお金をため込もうとするのである。その結果誰かを貧困化させ，社会はどんどんおかしくなっていく。

　しかし負の所得税というセーフティネットがあればどうか。最悪のことがあっても最低限の生活が保証されるので，人々はお金を無理やり運用することに疑問を感じるようになるはずだ。そうするくらいなら，今お金を使ってしまった方がましだと考えるようになるだろう。

　経営者はどうか。自分の生活はもちろん，従業員の生活を成り立たせる責任があるわけだが，それがなくなると，利益を上げることに疑問を感じるようになるはずだ。チャレンジをして失敗しても，最低限の生活が保障されるので，企業は自分たちの理想や顧客の喜びを追求するようになるはずだ。

6章 税の機能と通貨流動圧力

　労働者はどうか。解雇されれば即生活に困るため，労働者は労働環境や待遇が悪くても，なかなかすぐに仕事を辞めることができない。結果的に労働を安く買いたたかれやすくなるが，最低限の生活が保障されていれば，すぐにでもやめることができる。結局労働者は経営者と対等に交渉できるようになり，労働環境や待遇はかなり改善されるはずだ。

　政治家はどうか。政治家は常に落選の心配が付きまとうが，最低限の生活が保障されていれば，権力闘争の必要性が薄れ，純粋に自分の信念に従って活動できるようになるはずだ。

　官僚や公務員はどうか。最低限の生活が保障されていれば，自分の立場の維持のために，自分を押し殺して命令や慣習に従う必要はなくなる。意見も言いやすくなり，無駄な仕事はどんどんなくなり，本当に必要な仕事だけに集中できるようになるだろう。

　マスコミの場合はどうか。最低限の生活の保障があれば，自分たちの都合のいい情報だけを流したり，報道しない自由を駆使したりして，視聴者を誘導する必要はなくなる。結果的に自分達の正義に従って報道することができるようになるはずだ。

負の所得税の問題点

　例えばX国で負の所得税が導入され，その周辺国では導入されないとする。このときその周辺国の貧しい人はX国に移住すれば働かなくてもお金がもらえると必ず考える。仮にX国に大量の移民が移り住んだらどうか。住む場所に困る人々であふれ，国内の供給が追い付かなくなる可能性が高まる。当然物価の上昇も激しくなる。文化の違いによって犯罪や紛争が絶えなくなることも考えられる。

　このような問題が起こることは容易に想像できるため，世界中の国々が連携して，世界で一斉に負の所得税を導入するのが理想である。

　これができない場合は，移民の国籍を厳しく管理し，移民は簡単には給付の対象にならないようにするしかない。しかしそれには公務員の余計な時間と労力がかかってしまうという問題が起こってしまう。

7章 制度設計を考える

物価上昇の格差縮小効果

　前述の通り，通貨量を維持しようとすると物価上昇は避けられない。そこで政府は国民の生産性向上を後押しするような政策を行い，物価上昇を抑制することが重要なのだが，特に低所得者層にお金を配ることで起こる物価上昇は，逆に経済にとって良い効果をもたらすことも理解しておく必要がある。何故ならそれは強い格差縮小効果があるからだ。

　例えばＡは6000，Ｂは600の預金があったとする。そして商品Ｘの価格は初め10だったとする。このときそれぞれが商品Ｘを購入できる個数は次のようになる。

　　　　Ａ が Ｘ を購入できる個数：6000 ÷ 10 = 600
　　　　Ｂ が Ｘ を購入できる数：600 ÷ 10 = 60

　次にＡ，Ｂの預金は変わらず，物価が突然3倍になったとする。すると商品Ｘの価格は30になるので，それぞれが商品Ｘを買える個数は次のようになる。

AがXを購入できる個数：6000 ÷ 30 ＝ 200

　　　BがXを購入できる個数：600 ÷ 30 ＝ 20

　物価上昇後はAは400だけ買える数が減り，Bは40だけ
買える数が減ったので，物価上昇の影響は富裕層の方が大き
い。つまり相対的に富裕層ほど預金を減らすことになり，物
価上昇は結果的に格差を縮小させる。

　次に給付を考えてみる。A，Bそれぞれに600のお金を給
付すると，それぞれの預金額は次のようになる。

　　　Aの預金残高：6000 ＋ 600 ＝ 6600

　　　Bの預金残高：600 ＋ 600 ＝ 1200

　この後物価が2倍になったとすると商品Xの価格は20に
なるので，A，Bそれぞれが商品Xを購入できる個数は次の
ようになる。

　　　AがXを購入できる個数：6600 ÷ 20 ＝ 330

　　　BがXを購入できる個数：1200 ÷ 20 ＝ 60

7章 制度設計を考える

物価上昇前の場合は次のようであった。

A が X を購入できる個数：600
B が X を購入できる個数：60

B は買える個数は変わっていないのに，A は 270 だけ買える個数が減少している。同額を給付したにもかかわらず，預金が多い A だけに影響を与えることができた。

このように考えると，例えば負の所得税の導入で低所得者や貧困層に絞って給付を行い，それに伴って物価上昇が起こると，さらに格差が縮小する。実はこれこそが富裕層や支配層が知られてほしくない事実である。低所得者への給付に対して異議を唱えようとしても，すでに自分たちは十分な資産を持っているので，その主張の筋が通らなくなる。つまり，低所得者への給付に対する異議は，低所得者を安く使いたいというあからさまな支配欲の表れであり，彼らにとって負の所得税のような制度を導入されてしまうことはどうしても困るわけだ。

7章 制度設計を考える

物価上昇の原因は１つではない

物価上昇のタイプは大きく分けて次のように分類できる。

（１）需要牽引型

（２）供給毀損型

（３）生産コスト牽引型

物価上昇は通貨量増大とともにどうしても起こってしまう
が，一般に（１）～（３）のどれかの影響が強く出る。

供給力が十分あり，国民の生活が安定しているのに，物価
上昇率が大きい場合は，国民の消費意欲が高く，需要が物価
を牽引する影響が強いと言える。特に国民が物価上昇に対し
てそれほど不満がない場合は，所得も順調に伸びていると考
えられ，貨幣経済がうまく機能しているといえる。

しかし供給力が極端に低い国では，通貨量を増やすと，途
端に物価が上がってしまう。当然需要があるから物価が上が
るのだが，この場合は供給力が著しく低いことが強く影響し
ているので，供給毀損型といえる。

日本の場合は1960年以降，順調に産業が育ってきたが，

125

7章 制度設計を考える

原油や天然ガスなどのエネルギー資源については輸入に頼ってきた。しかし1990年ころからは経済政策の失策で消費低迷による不景気が起こると，特にエネルギー資源の高騰が光熱費や物流コストを押し上げ，あらゆる物価に影響を与えてしまった。このように供給が大きく毀損されているわけではないのに起こる物価上昇は生産コスト牽引型といえる。もちろんこの日本の場合は，国内のエネルギー資源の供給力が毀損していることが原因でもあり，供給毀損型ともいえる。

政治とは国民の時間と労力の使い方を決めること

　他国から侵略を受けても，経済制裁を受けても，大きな災害が起こっても滅ばない国とはどういう国だろうか。それは輸入や他国の労働力に依存しなくても，国民が生きていけるような国である。

　自国だけで食料，衣料品，建物も作れれば，石油や天然ガスも作れる。インフラも作れれば，軍事兵器も作れる。つまり自国民だけで多種多様なものを供給できる国こそが滅びにくい国であるはずだ。

政府や政治家の仕事は，そのために限られた国民の時間と労力をどう使うかを考えることである。第一に考えることは，公共性の高い事業を政府が担うことである。行政サービスはもちろん，学校，道路，鉄道，電気，ガス，水道，下水道，ごみの回収，医療，介護，警察，軍事などは政府主導で行う必要がある。何故なら，例えば水道事業を民間企業に任せきりにしてしまうと，採算の合わない地域には水道を提供しないといったことが起こってしまうからだ。

　ここでよく起こる勘違いは，その財源はどうするか，政府支出を削減しないと大変なことになる，といったことである。

　まず政府は事実上いくらでも通貨を発行できるので，財源は無限である。一方国民の時間と労力は有限。つまり，限界があるのは財源ではなく，供給源となる国民の時間と労力である。

　政府が事業を広げ過ぎると，その分国民の自由な経済活動の時間が奪われてしまう。逆に政府が事業を縮小し過ぎると，国民の生活が不便になったり，地域の行政サービスに格差が生じたり，公平な経済活動ができなくなったり，治安が悪くなったりと，様々な問題が起こる。

　これも恥ずかしいことだが，西暦 2020 年ころから世界中

7章　制度設計を考える

で半導体不足に陥っていたとき，日本政府は国外の有力な企業の工場を国内に誘致するという政策をとった。実は日本国内にはすでに半導体を生産できる企業がいくつもあったのだが，生産ラインを増やすにはあまりにも膨大な資金が必要なため，どの企業も設備投資ができない状態にあった。そうであれば日本政府が国内企業に補助金を配り，投資を促す行動をとればよかったのだが，日本政府は何故か国外の企業に膨大なお金を配って工場を誘致したのだ。

　国力とは国内の生産力，供給力のことであるはずなのだが，このような行動から日本政府は国家経営がどういうものかということを全く理解していなかったといえる。

富裕層が物価上昇の影響を回避する方法

　富裕層は物価上昇が自身の資産を減らすことをよく知っている。だからその回避方法もよく知っている。それは物価上昇自体を利用してしまうことだ。例えば，自分の預金を何かのものと交換し，その価格が上がったときに，再び法定通貨と交換してしまえば,物価上昇の影響を回避できる。しかし，そのものが食料品であれば，やがて傷んでしまうため，その

ようなことはできない。そこで時間がたっても痛むことがないものを選ぶことになる。それは次のような所有権である。

- ・常に需要がありそうな土地の所有権
- ・需要が高い鉱物資源の所有権
- ・安定した企業の株式の所有権

このような所有権は通貨量増大とともに価格も上がりやすいため，預金資産をそれらに替えてしまうことは富裕層にとって有効な手段なのである。

このようにいくら税制で格差を縮小しようとしても，このような逃げ道をふさがなければ効果は薄くなる。

土地の所有をやめる利点

土地の所有者が自分の土地を活用して家賃収入や駐車場収入を得続けたらどうか。死ぬまでほぼ働かなくて済む。結果，主にお金も固定資産もない若者に負担がのしかかることになる。何故なら彼らが住む場所を借りると，自分の生活はもちろん，不動産の所有者の生活までも支えることになるからだ。

7章　制度設計を考える

これにより若者はいくら働いても，貧困から抜け出せないということが起こる。

このような不公平は早く解決しなければいけない。例えば住宅を借りる場合や購入する場合は政府が補助金を出すようにしてもよい。ただしこの場合，移民や外国人への給付はどうするかという問題が起こる。

また抜本策としては，土地はすべて地方公共団体が管理するものとして，政府以外の個人や法人が土地を所有するという概念を捨てることである。そして国民が土地を利用したいときは，政府にお金を払って土地の使用権を買い，不要になったら政府が通貨を発行してそれを買い上げる。政府は儲ける必要はないため，その使用権は安く設定できるはずである。その使用権の譲渡や相続を不可とすると，富裕層は土地を資産減少の回避に使うことは難しくなるだろう。加えて，他国が土地の所有権を奪い，事実上国を乗っ取るといったことも難しくなる。

もちろんこのような制度にしても，抜け穴はいくらでも見つかるはずだ。しかし同時に負の所得税やベーシックインカム制度を導入すれば，お金をたくさん持つ動機自体が薄らぐわけで，制度の抜け穴を見つける動機も同時に薄らぐことに

なる。

消費税の算出方法

　消費税はものやサービスの価格に一定割合が付加される税である。例えば税抜き価格が 300 の商品に 10% の消費税が課されると，税込み価格は次のようになる。

$$税込み価格 = 3 0 0 \times \frac{1 0 0 + 1 0}{1 0 0} = 3 3 0$$

　一方消費税額は次のように求められる。

$$消費税額 = 3 0 0 \times \frac{1 0}{1 0 0} = 3 0$$

ここで税込み価格の 330 から消費税額の 30 を求めてみる。次の空欄に入る分数は何であろうか？

$$330 \times \square = 30$$

この両辺を 330 で割ると次のような式になる。

131

7章　制度設計を考える

$$\square = \frac{30}{330} = \frac{10}{110} = \frac{10}{100+10}$$

$$= \frac{消費税率(\%)}{100+消費税率(\%)}$$

ではここで数学のクイズ。

Q6. 消費税率が r ％ のとき，消費税額を「税込み価格」と r を用いた式で表しなさい。

前述のことから，消費税額は次のように求められる。

$$消費税額 = 税込み価格 \times \frac{消費税率(\%)}{100+消費税率(\%)}$$

よって，解答は次のようになる。

$$消費税額 = 税込み価格 \times \frac{r}{100+r}$$

事業者が払う消費税

消費税は消費者が負担していると考えると，事業者が売上を上げたとき，売上の中に消費税が含まれているので，事業者は消費者から消費税を預かったことになる。

一方事業者も消費者であり，事業者が購入したものやサービスの価格にも消費税が含まれるため，事業者が何かを購入したとき，事業者は消費税を支払ったことになる。

したがって事業者が納める消費税額は，次のような式で求めることができる。

事業者が納める消費税額
＝（売上の際に預かった税）－（購入の際に支払った税）

そして税率が r ％であるとすると，この式は次のように書くことができる。

事業者が納める消費税額

$$= （課税売上） \times \frac{r}{100+r} - （課税仕入） \times \frac{r}{100+r}$$

$$= （課税売上 - 課税仕入） \times \frac{r}{100+r}$$

7章 制度設計を考える

　課税売上は消費税がかかる取引での売上であり，課税仕入は消費税がかかる取引での経費のことである。ここで事業者の利益は次のように表すことができる。

　事業者の利益
＝ 課税売上＋非課税売上－課税仕入－非課税仕入

　ただし本書では消費税がかからない取引での売上と経費をそれぞれ非課税売上，非課税仕入と定義する。消費税がかからない取引かどうかは，政策的に決まることであり，日本の場合は医療費，福祉サービス料，利子，保険料，学校の授業料，給与，配当，住宅用家賃などが，消費税がかからない取引になっている。非課税売上を主とする事業者は特殊なため，これを無視すると事業者の利益は次のように表される。

　　事業者の利益 ≈ 課税売上－課税仕入－非課税仕入

　これを等式変形すると次のようになる。

　　課税売上－課税仕入 ≈ 事業者の利益＋非課税仕入

7章　制度設計を考える

　事業者の非課税仕入は，大部分は人件費である。何故なら一般に直接雇用をしている社員に払う給与には消費税はかからず，それ以外の非課税仕入はあまりないからだ。

　よって，事業者が納める消費税額は次のように表すことができる。

　　　事業者が納める消費税額

　　　＝（課税売上－課税仕入）$\times \dfrac{r}{100+r}$

　　　≈（事業者の利益＋人件費）$\times \dfrac{r}{100+r}$

実は上式のカッコ内は**付加価値**や**粗利**と呼ばれている。

　この式から，消費税は事業者が負担しているとみなすと，消費税は主に事業者の利益と人件費に対して課される税だとわかる。もちろん事業者が生み出す付加価値に対して課される税でもある。

7章 制度設計を考える

消費税を課す意味

消費税は消費者と事業者でどちらが負担しているのか。

まず消費税は消費者が負担していると考えてみる。

消費税はその税額分だけ物価を強制的に上げ，さらに納税は通貨の消滅を表すので，消費をすればするほどマネーストックを減少させる。したがって消費税は非常に強い消費抑制効果がある。

次に消費税は事業者が負担していると考えてみる。

消費税は主に事業者の利益と人件費に課税される。このことから事業者は節税のために人件費を抑えようとするので，消費税は国民の所得を下げる効果がある。結果的に国民が使えるお金が減るため，やはり消費を抑制する効果がある。

消費税は，消費者にとっては消費に対する罰金，事業者にとっては人件費に対する罰金，あるいは付加価値に対する罰金であるとみなすことができ，導入する利点を見つけることは非常に困難な税である。お金を循環させる消費，そして事業者が価値を生み出すことは，どちらも社会貢献であるはずなのに，税でそれを抑制するのは論理的に相当破綻している。

消費税は何のために生まれたのか

　消費税は西暦1954年にフランスの官僚によって開発された。その目的はルノーというフランスの自動車メーカーの国際競争力を高めることだったようだ。

　当時は「GATT」という関税及び貿易に関する協定があり，自国企業のみに補助金を出すことが禁じられていた。そこで輸出産業を優遇する税制で，間接的に輸出産業を補助する仕組みが考え出されたのだ。

　事業者が納める消費税は次の式で計算できた。

$$（課税売上－課税仕入）× \frac{消費税率(\%)}{１００＋消費税率(\%)}$$

　消費税については，輸出は免税取引，輸入は課税取引というルールになっているため，輸出売上については，上式の課税売上に算入されない。仮に売り上げがすべて輸出によるものであれば，納税額は次のようになる。

$$（０－課税仕入）× \frac{消費税率(\%)}{１００＋消費税率(\%)}$$

7章 制度設計を考える

 この場合の納税額は負になるため,事業者は納税ではなく還付される。輸出額を多くするほど還付を受けやすくなるので,消費税は外貨を稼ぐ産業を優遇することになる。逆に外貨を稼がない産業にとっては大きな負担になる。

 そう考えると,対外純資産の高い国ほど十分外貨を保有しているので,消費税は不要ということになる。是非インターネットで対外純資産ランキングを調べて見てほしい。もし対外純資産が高いのに,消費税が課されている国がいくつも見られるなら,それは世界中の人々が消費税を勘違いしているということだ。

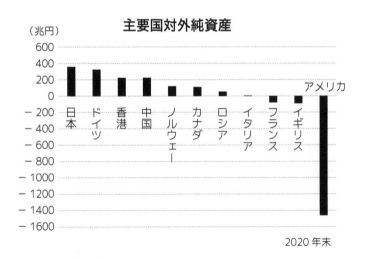

138

事業者の消費税節税手段

　前述の事業者が納める消費税額の計算式から，消費税を節税する手段は以下になる。

　　　（1）課税売上を減らす
　　　（2）事業者の利益と人件費を減らす
　　　（3）課税仕入れを増やす

　課税売上を減らすには，売上自体を減らせばよいわけだが，それでは単純に利益を減らすだけなので，節税手段としては本末転倒である。よって課税売上を減らす節税には，国内への売り上げを減らし，輸出を増やすしかない。
　ヨーロッパでは地理的に近隣国への輸出入も近隣国での買い物も容易なため，この節税手段は有効であるが，日本は島国なため，そうはいかない。よって日本では世界からの需要が高い自動車などの特定の産業のみが恩恵を受けるようになった。すると日本の輸出産業が多く加盟する社団法人が消費税の増税と法人税の減税を強く主張するようになり，その主張が徐々に実現していった。彼らは消費税という巨大利権

7章 制度設計を考える

を維持しつつ、法人税の減税を勝ち取ったのだ。

しかし消費税の影響で徐々に景気が悪化し、日本の大多数の企業は消費税の節税を強いられた。その手段が人件費の削減と課税仕入れの増加だ。日本の場合それらを同時に行えるのが労働の外注化である。労働を派遣会社や自営業者に外注し、彼らを必要なときに使い、必要なくなったら切り捨てることで人件費を抑えつつ、課税仕入れを増やしたのだ。これにより日本人の労働が不安定になり、婚姻数と出生数の低下を招くことになった。

■日本の派遣労働者数と出生数の推移

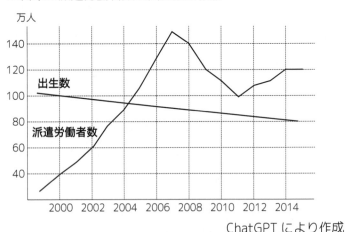

ChatGPT により作成

※日本では 1989 年に税率 3% で消費税導入。1997 年に 5%、2014 年に 8％に、2019 年に１０％に増税。

法人税の考察

法人税額は一般に次のような式で算出される。

（益金－損金）× 法人税率

これをもう少しわかりやすい式にするとこうなる。

（法人の預金の増加量）× 法人税率

ここでクイズ。

Q7. 社会全体を考えたとき，法人税率は高い方がいいか，それとも低い方がいいか

通貨貸借の法則より，国民全体の法定通貨に関する純資産は全員が正になることはなく，誰かが純資産を増やせば必ず別の誰かの純資産が減る。したがって法人全体の純資産が増えると，その分個人全体の純資産が減る。すると個人の消費が減り，結果的に法人の収益も減るため，法人がお金をため込むことは法人にとって害になる。

法人税率を高くすると，経営者は決算期前にできる限りお金を使うようになる。何故なら経営者は，大部分を税で取ら

7章　制度設計を考える

れるくらいなら，設備投資をしたり，広告を増やしたり，従業員の賞与を増やしたりして，お金を使ってしまった方がましだと考えるからだ。

正解：法人税率は高い方がいい

Q8. 法人税は累進性をもたせた方がよいか，もたせない方がよいか

　法人は個人と異なり，いくらでも登記が可能である。したがって仮に累進性をもたせると，法人は割と簡単に税逃れができてしまう。法人をいくつかに分割すると，1法人当たりの利益を減らすことができ，それぞれは低い税率が適用されるからだ。ところが個人の場合は分割するという概念がないため，個人の所得税については，累進性は有効である。

正解：累進性にしない方がよい

租税回避地の問題

　法人が税逃れをする方法として，租税回避地（タックスヘブン）に法人登記する手法が有名である。これは各国の法人税率の違いを利用した租税回避方法である。当然法人税率が低い国で法人を登記すれば，その国の税率が適用されるので，税逃れができるわけだ。

　このようなことを回避するためには，各国政府が連携して，法人税率を合わせるべきであるが，輸出産業が乏しい国にとっては，その税収が外貨収入源になるため，それが連携を難しくしている。

富裕層の租税回避法

　富裕層は一般に優秀な税理士を雇い，租税回避を行っている。雇われた税理士は，その需要にこたえるため，制度の穴を突いた合法的な方法を提案することになる。例えば米国の場合は公益法人の制度に穴があり，慈善団体を装った財団が作られ，それを利用した租税の回避が行われている。

　たとえ制度の穴がふさがれても，別の穴を突いた租税回避

7章　制度設計を考える

法が次々に生み出されるため，もう貨幣社会の制度は根本から変える段階にあると思われる。

　結局富裕層も庶民もお金が無くなることの恐怖から，支配と服従の関係を作らざるを得なくなり，どちらにとっても不幸である。負の所得税やベーシックインカム制度のような社会保障さえあれば，双方にとってそのような恐怖はなくなるはずである。

税制を複雑にするほど国力は落ちる

　税制が複雑になるほど，税を計算，回収するための労働が増え，その分国内の供給力を上げるための国民の時間と労力が奪われてしまう。これは非常に無駄なことである。

　例えば消費税なら，取引の種類により，課税なのか，非課税なのかが分かれたり，商品の種類によって税率が変わったりする。商品が国外に持ち出される場合は，不正を取り締まる公務員の労力もかかる。

　このように考えると，ある程度の規模の事業者になると，経理担当者と税理士が必要になり，事業者にとっては余計なコストがかかる。しかし税制が単純なら，経理と納税のため

の作業は，コンピューターである程度自動化できる。そうなれば浮いた人員は生産側に回すことができ，結果的に国民の働く時間は減るはずである。

消費を喚起させるための政策

　消費をすることは誰かの所得になり，その所得は新たな価値を作るための原動力になるので，国力と人々の消費は関係が深い。

　では何故人々は消費を抑えようとするのか。その理由は，将来お金がどれくらい入ってきて，どれくらい出ていくかの見通しができないことが一因である。例えば社会保障が充実していない場合，国民は病気や事故などの不測の事態に備え，消費を抑えてお金をため込むことになる。しかし社会保障が充実していればその必要はあまりない。つまり政策については その見通しが立ちやすくなるように考えなければいけない。

　ここで，日本で行われた一時的な減税政策の悪い例を紹介する。次の式で示されるような減税政策が国民の納税時期に行われたことがあった。

145

7章　制度設計を考える

【減税策】：年末に決定した1年間の所得税を以下の額だけ減税する。

$$30,000 \times (1 + 扶養家族数)$$

　式が複雑で，所得税がいくらになるか予測しにくいため，お金がいくら手元に残るのかがわかりにくい。日本国民は3月頃に税務申告を行うのだが，申告時期には多くの国民が減税政策のことを忘れており，納税の時に「そういえばそんな減税策があったな」と思い出すのである。これでは減税分を何かの消費に回そうという計画を立てようがない。このような減税をするくらいなら，国民一人に一定額を給付した方がはるかに簡単である。

　何故このようなせせこましい政策になったのか。もちろん政治家や官僚の大部分は，税は政府支出の財源であり，政府支出を減らすことが正義であると勘違いしていたからだ。

給付は物価上昇率を限界として行うことができる

かつて日本政府は，一時的な経済政策として，1週間程度の食費に相当する額のお金を国民に一律給付したことがあった。その結果，日本の政治家や著名人の評価はこのようなものであった。

「多くの人は給付金を預金に回したため，効果はほとんどなかった」

こういった論評から，給付は意味がない，税金の無駄である，といった風潮が出来上がった。

しかしここまで読んだ読者ならもうお分かりの通り，これは全くの勘違いである。税が財源というのはもちろん誤りではあるが，効果がなかったのはそもそも給付額が少なすぎたからだ。

預金がほぼない貧しい人にとっては，給付金が預金に回るのは当然である。ではどこまで配れば効果があるのかといえば，それは時代や経済力，国民性によって異なるため，何かの計算式で算出できるものではない。よってどこまで給付できるかは，物価上昇率で判断するしかない。

7章　制度設計を考える

消費が増えても，物やサービスの供給が十分追い付いていれば，物価上昇率は小さいままだ。この状態なら，給付はもっと行うことができると判断できる。しかしその供給が追い付かなくなると，その分物価上昇率が大きくなる。つまりここが給付の限界である。

GDP は高ければ良いというものではない

国民全体の消費や所得を表す指標が GDP であるが，この指標は高ければ良いとは限らない。それが高ければ確かに消費や生産が活発であると言えるが，その分人々の時間は労働に多く費やされるからだ。

衣食住に困るくらい貧しい時代なら，人々の時間が労働に費やされるのは仕方のないことだが，物やサービスが効率的に作れるようになった場合は話は別だ。物質的に豊かであっても，人生の大部分が労働であるなら，それは社会の奴隷である。例えばお金をかけず，家族とゆっくり過ごしたり，趣味を楽しんだり，友人と会話を楽しむことは GDP の値に影響しない。

先進国よりも物質的に豊かではないのに，国民の満足度が

高い国も存在するわけで，国の豊かさは単純に GDP のような指標で測れるほど単純ではない。

7章　制度設計を考える

最後に

　法定通貨は銀行で借金をすることで増える。その借金には金利がかかるため，それを返済するためには，誰かがさらに銀行から借金をする必要がある。その借金にも金利がかかるため，その返済のためにさらに誰かが借金をする必要がある。結局借金を借金で返済し，借金の総額を増やし続けなければ貨幣社会は成り立たない。それを成り立たすためには，人々は新しい価値を次々と生み出し，それを消費し続けなければいけない。

　しかしそんなことは持続可能なはずがない。つまり貨幣社会とは最初から不備があり，現代においてはすでに破綻している。

　結局我々はお金がなければ生きてはいけないという幻想を見せられ，お金を奪い合う過酷なゲーム会場の中で，大多数は労働を安く買いたたかれる。

　もちろん貨幣は物質的な豊かさを作り上げることに寄与したと言えるが，ある程度物質的に豊かになった現代においては，貨幣を基軸とした資本主義社会とは，強い者が富を独占し続ける社会であり，毒である。

多くの人々は，それが毒だと気づいていない。

　人々は価値を作り続けることを強制され，息切れをして立ち止まった者から自滅する。しかし価値を分かち合えば自滅なんてことはあり得ない。

　物質的には豊かになっているのに，住む場所や食べるものに困っている人が大勢いる。それを見て見ぬふりをする人も大勢いる。場合によっては「お金を稼げないのは努力が足りないからだ」と自分や他人を責める人もいる。

　何故我々はこんな非情な社会を変えられないのか。それは我々の心が弱いからである。

　　　　　2025年3月　児保祐介（こやすゆうすけ）

※内容に関するお問い合わせ，誤植のご連絡は微風出版ウェブサイトから
　お願い致します。

※訂正情報も微風出版ウェブサイトでご確認下さい。

※ご注文・在庫に関するお問い合わせは（株）星雲社へお願い致します。

貨幣社会の常識を壊す本

　2025 年 4 月 21 日 初版

　著者　児保祐介　　印刷・製本　(株) マツモト

発行所 合同会社 微風出版

　　〒 283 − 0038 千葉県東金市関下 348

　　tel：050 − 7118 − 3475　　mail：rep@soyo-kaze.biz

発売元 （株）星雲社（共同出版社・流通責任出版社）

　　〒 112 − 0005 東京都文京区水道 1 − 3 − 30

　　tel：03 − 3868 − 3275　　fax：03 − 3868 − 6588